한일병합사

현대의 한국 전도

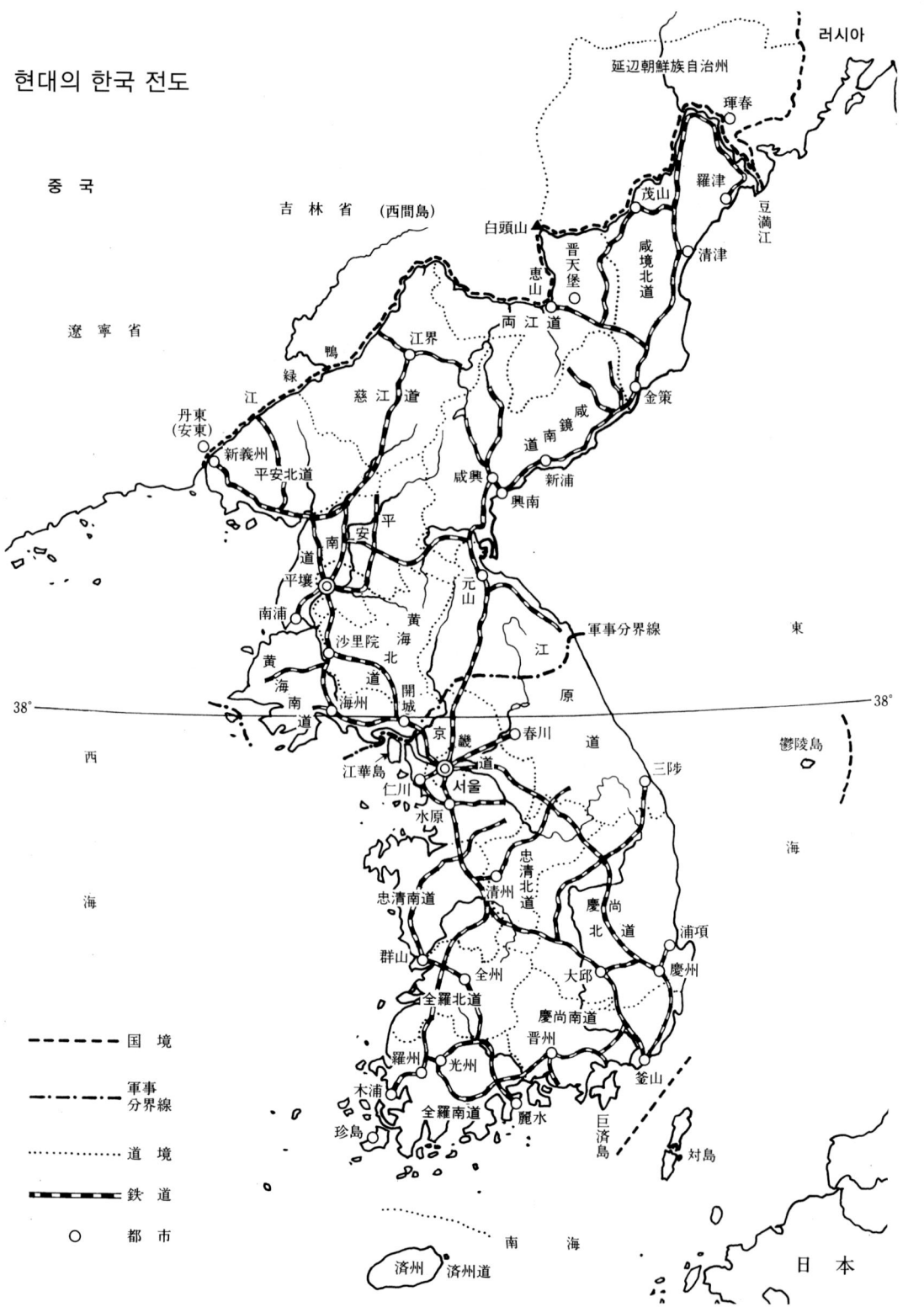

한일병합

1875-1945

사진으로 보는 굴욕과 저항의 근대사

신기수 엮음 / 이은주 옮김

경복궁의 정문 광화문(1900년)

눈빛

신기수(辛基秀, 1931-2002)

1931년 교토에서 출생했다. 고베 대학 경영학부를 졸업한 후 동대학원을 중퇴했다.
1974년부터 영상문화협회 대표로 활동했으며, 1984년부터 아오타카 문화홀 관리를 했다.
기록영화로는 「에도 시대의 조선통신사」 「이름」 「해방의 날까지」가 있고, 저서로는
공저 『에도 시대의 조선통신사』(마이니치 신문사) 『조선통신사 자료집』(고단샤)
『히데요시의 침략과 오사카성』(다이산쇼간) 등이 있다. 일본 국회도서관에
저자의 이름을 검색해 보면 『한일병합사』 외에 22권의 책을 출간한 것으로 나와 있다.
한일관계사 연구가로서 지칠 줄 모르는 저작을 발표해 왔으며,
그의 소장 도서는 규슈 대학에 '신기수 문고'로 기증되었다.
2004년에는 오사카 역사박물관에서 그의 소장품과 기증품을 가지고
전시회가 개최되기도 했다.

이은주

일본대학 예술학부 문예학과를 졸업하고, 번역가로 활동하고 있다.
역서로는 『미야자키 하야오 세계로의 초대』 『대충형 인간의 요리술』 『버전 업』
『나는 뮤지엄 샵에 탐닉한다』 등이 있다.

한일병합사 1875-1945

사진으로 보는 굴욕과 저항의 근대사

신기수 엮음 / 이은주 옮김

초판 2쇄 발행일 — 2009년 9월 29일 / 발행인 — 이규상 / 편집인 — 안미숙
발행처 — 눈빛출판사 서울시 마포구 상암동 1653 이안상암2단지 506호
전화 336-2167 팩스 324-8273 / 등록번호 — 제1-839호 / 등록일 — 1988년 11월 16일
편집 — 정계화·성윤미 / 출력 — DTP하우스 / 인쇄 — 예림인쇄
제책 — 일광문화사 / 값 35,000원

ISBN 978-89-7409-257-3 93910

韓日併合史 1875-1945

辛基秀 編著

Copyright ⓒ 2009 Shin Mi-Sa
All right reserved.
Korean translation rights arranged with Shin Mi-Sa
through CUON Agency.
Korean translation rights ⓒ 2009 by Noonbit Publishing Co.

이 책의 한국어판 저작권은 CUON Agency를 통해
저작권자 辛美沙와의 독점계약으로 눈빛출판사에 있습니다.
저작권법에 의해 한국내에서 보호를 받는 저작물이므로
어떠한 형태로든 무단전재와 복제를 금합니다.

머리말

조선과 일본은 메이지 시대를 분수령으로 명암이 엇갈렸다. 일본은 메이지 유신이 이루어지자 에도 시대의 외교정책에 따라 왕정복고를 선언하고 외교사절을 조선에 파견했다. 그러나 쓰시마 번(藩)의 사신이 가지고 온 외교문서인 서계(書契)는 부산의 동래부사로부터 거절을 당했다.

조선이 거절한 가장 큰 이유는 서계에 '칙(勅)'자와 '황(皇)'자가 있었으며, 에도 시대의 우호관계를 깨고 한일 양국의 대등호혜원칙에 반하는 악의에 넘치는 문구가 있었기 때문이었다. 조선 정부에서는 '황'자와 '칙'자는 중국에 한해서만 허용되었으며, 일본의 권력이 막부에서 천황가로 이동한 뒤에 메이지 천황을 조선보다 상위에 두고 조선을 종속관계로 두고자 하는 문구에 대하여 조선 정부가 서계의 정정을 요구한 것은 당연한 일이었다. 그러나 일본 정부에서는 마치 기다리고 있었다는 듯이 모욕을 했다고 소란을 떨며 막부 말기부터 일어났던 '정한론(征韓論)'의 목소리를 높였다. 일본의 정치권력 이동은 어디까지나 자국의 문제인데, 이것을 국제관계로까지 확대시키는 쪽에 큰 문제가 있음에도 불구하고 무력으로 조선을 침략했다.

1869년 1월 26일, 기도 다카요시는 "메이지 신정부가 수립되자 사절을 파견하고, 상대방의 무례함을 추궁하며, 만약에 굽히지 않을 때는 죄를 벌하기 위해 공격하여 신이 창조하여 신이 지키고 있는 나라의 위업을 신장하자"고 정부에 건의하여 조선을 침략의 대상으로 확정짓게 했다. 메이지 신정부의 최대 과제는 국내에 있는 봉건 무사들의 불평불만의 해결이었으며, 미국을 필두로 유럽에서 강요된 불평등 조약에 의한 방대한 손실의 보상문제였다. 조선 침략은 국내 정치위기를 극복할 수 있는 최선책이었다. 이렇게 하여 군함 외교와 1853년 우라가스이도(浦賀水道. 미우라 반도와 보소 반도 사이의 해협 – 역주)에 나타난 페리 제독의 수법을 본따 조선으로 파병하는 일본군의 병기·군장 등은 모두 미국과 유사한 것으로 준비했다.

1875년 5월부터 서울의 관문인 인천, 강화도에 일본 군함이 나타나기 시작했으며, 빈번히 시위행동을 했다. 9월에는 식수를 보급한다며 군함이 강화도에 상륙하였고, 조선의 군대와 교전하여 강화도를 점령한 이른바 강화도사건(운요호사건)을 일으켰다. 일본의 도발 행위는 군사행동으로까지 이어졌고, 무력으로 개방을 강요했다.

1876년 2월 11일은 메이지 신정부가 들어선 지 3년째 되는 날을 기념하는 기원절이었다. 강화도 앞바다에 나타난 일본 군함은 축포를 위협적으로 쏘아댔다. 병사 260명을 이끈 구로다 키요타카는 인천에 상륙했다. 히데요시 군대의 침략 이후 약 300년 만의 일본군 출현이었다. 구로다 키요타카는 일본을 출발할 때 주일 미국 사절 페리로부터 『일본원정기』라는 책을 선물로 받았다. [서양 국가들 중에서 미국은 일본에 진출하는 데 매우 적극적이었다. 그 이유는 북태평양에서 조업하는 포경선의 피난처로서, 또 중국과의 무역을 확대하기 위해 연료와 식량을 보급하는 기항지로서 일본의 개국을 절실히 바랐기 때문이다. 미국은 1846년 동인도함대 사령관 비들을 에도 만에 파견하여 통상을 요구했으나 막부의 거절로 실패한 적이 있다. 그러나 1848년 캘리포니아에서 금광이 발견되고 태평양 연안이 빠르게 개발됨에 따라 태평양 횡단 항로를 통한 중국과 무역을 하기 위해 일본을 개국시키는 일이 미국 정부의 긴급한 과제가 됐다. 이에 미국은 동인도함대 사령관 페리를 특사로 임명해 일본에 파견했다 – 역주, 출처: 『연표와 사진으로 보는 일본사』(일빛 간행)] 구로다 키요타카는 미국으로부터 배운 대로 조선에 개방을 요구하고 2월 27일 '조일수호조규(강화도조약)'을 조인, 영사재판권, 무관세 무역권, 일본 화폐유통권과 같은 특권을 손에 넣었다. 일본이 미국과 맺은 불평등 조약보다 훨씬 더 가혹한 조건이었다.

일본인들은 개항장에서 치외법권을 누렸으며, 상행위 경험이 없는 일본인과 신정부에 대한 불만분자, 실업자를 불러들여 고리대금 상법으로 이익을 얻었다. 도요토미 히데요시가 이루지 못한 꿈을 현실화한 이들은 조선을 희생시키면서 식민지 이윤을 축적했다. 현해탄을 건너는 일본인들이 죄의식이나 한 치의 윤리의식조차 없었던 것은 메이지 정부의 조선을 멸시하는 태도와 식민지를 정당화한 교육·선전 때문이었다. 조선의 일부 관리는 상고시대부터 일본의 형제이고 뒤처진 조선을 대등한 입장으로 끌어올려 조약을 맺었다고 자화자찬했다. 강화도조약 제1조는 '조선은 자주국으로서 일본과 평등한 권리를 가진다'고 되어 있으나 실제 이 조항의 목적은 조선에서 청나라의 종주권을 배격함으로써 청나라의 간섭 없이 조선에 대한 침략을 자행할 수 있는 길을 모색하는 데 있었다.

메이지의 새로운 교육은 도요토미 히데요시의 조선 침략(1592-1598) 6년간을 제외한 500년 동안의 긴 조선과의 선린관계를 일본의 역사에서 은폐하는 일이었다. 조선을 새로운 주종관계로 만들기 위해 『일본서기(日本書記)』를 충실하게 만드는 등 학문적인 미화 작업을 집중적으로 행했다.

조선은 유럽의 침략을 모방한 불평등 조약에 직면하여 히데요시 시대 이상으로 일본에 대한 불신감정이 생겼고, 일본은 변질했다며 경계했다. 또한 히데요시를 국민적 영웅으로 추대하여 그의 조선 침략을 크게 다룬 메이지 교과서에 불편해 했다.

대륙 침략에 대한 거대한 구상을 발표한 도요토미 히데요시도 내전 후 영지 약탈과 분배가 종결되어 토지를 몰수당한 다이묘나 지방 호족세력의 불만이 높아지자 그들의 관심을 해외로 돌리게 할 필요가 있었다. 동아시아 국제정세에 따라 1404년 이후 150여 년에 걸친 조선과의 선린관계에 무지한 히데요시는 규슈를 평정하자 조선을 쓰시마의 속국쯤으로 여기고 본격적인 침략을 시작했다. 『일본서기』를 읽은 교토의 스님 세이쇼 쇼타이는 히데요시에게 일본은 신이 만들어 신이 지키고 있는 나라임을 주지시켰다.

히데요시의 침략전쟁을 비판하거나 반성한 도쿠가와 막부는 성실하게 종전 처리를 행하고 돌이키기 어려워 보이던 조선과의 외교관계를 회복시켰다. 1867년의 막부에 의한 대정봉환까지의 오랜 시간 동안 조선과는 아무런 문제가 없었다. 양국 간에 세계사에서도 유래가 없는 평화가 유지되었던 것은 히데요시의 침략사상과 행위를 비판하는 이성이 초기 에도 막부를 지탱하던 지식인들에게 공통적으로 있었기 때문이었다.

근세 일본인의 사상을 대전환시키는 데 커다란 역할을 한 이는 후지하라 세이가였다. 히데요시의 만행을 기록한 조선의 책 『징비록(懲毖錄)』이 교토에서 복각되었을 때 서문을 쓴 가이바라 에키겐, '무명의 스승'이라며 히데요시를 비판한 쓰시마의 아메노모리 호슈, 반 노부토모, 우에다 아키나리 등과 같은 사상계보가 이웃 나라와의 평화와 서로 특별한 혜택을 주고받는 호혜관계를 지속시키고 있었다.

에도 막부 말기, 1853년의 일본은 만성적인 재정난과 도성이 모두 불타 버리는 등 혼란스러운 상태였다. 막부는 조선통신사 초청에 노력을 기울였다. 1855년에 쓰시마에서 양국간 분쟁 해결에 관한 합의 조건을 한일 쌍방이 합의했다.

조선 외교를 관장한 쓰시마와 조선의 동래부(東萊府, 현재 부산광역시, 울산광역시 지역 전역과 경상남도 양산시, 경주시, 거제시, 경상북도 포항시를 포함한 지역 - 역주) 외교 실무자들 사이에서는 통신사가 왕래하였고 정보를 교환하고 있었다. 1866년 프랑스 함대가 강화도에 침입한 사건은 부산을 통해 에도 막부에도 통보되었다.

마지막 조선통신사의 일본 방문은 1811년부터 약 20년이 경과한 때였으며, 실제로 조선인을 만나지 못했는데도 후지산을 보면서 에도로 향하는 조선통신사 일행을 그린 가츠시카 호쿠사이의 「후가쿠 100경(富嶽百景)」에 그려진 한 장의 그림에서도 일본 화가들의 조선관을 엿볼 수 있다.

재정난으로 인해 쓰시마에 초대된 1811년 조선통신사 일행을 그린 2대째의 우타마루를 시작으로 많은 화가들의 다채로운 기록화는 시대의 전환을 직시한 듯이 조선과의 우호관계를 나타내는 많은 그림을 남겼다.

쓰시마에는 약관 22살에 기노시타 준안의 추천으로 쓰시마에 진문역이라는 관직을 얻어 89세로 세상을 뜨기까지 66년 동안 조선과의 외교에서 활약한 아메노모리 호슈(雨森芳洲)의 사상이 뿌리를 내리고 있었다.

조선의 역사와 풍속을 연구한 아메노모리는 1703년 36살의 만학의 몸인데도 불구하고 조선어를 습득하기 위해 부산에 와서 조선어를 배웠다. 부산에는 나가사키 반도의 도진야시키(唐人屋敷), 즉 에도 시대에 나가사키에 세워진 중국인 저택의 10배, 10만 평에 이르는 광대한 왜관(조선시대 일본인의 입국 및 교역을 위하여 설치하였던 장소 - 역주)이 있었고, 쓰시마에는 5백 명에서 1천 명 정도 되는 상주자가 조선과의 외교·무역 실무를 보고 있었다. 부산에서 3년간 조선어를 익힌 그는 조선어 회화집 『교린수지(交隣須知)』를 집필했다. 1728년에는 『교린제성(交隣提醒)』을 집필해 조선과의 외교상의 기본원칙을 밝혔다.

"성실한 교제라고 많은 사람이 말하고 있지만, 대부분의 사람들은 그 문자의 의미를 분명히 이해하고 있지 못합니다. 성심이라는 말은 진정한 마음이라는 것으로 서로 속이지 않고, 싸우지 않고, 진실을 가지고 사귀는 것을 말합니다"(『교린제성』 현대어문·관서대학 도서학술연구소 간행, 아메노모리 호슈 전집 3).

아메노모리는 질이 낮아진 조선어 통역의 육성 제도에 대해서도 진언하였으며, 유년기부터 영재교육을 통해 조선어 수준을 높였으나 통역에 있어서 말하기를 "조선에서 근무하는 공무원 가운데 경영자, 재판관, 관리는 물론 어느 사람도 이웃과의 외교에서 능통한 사람은 없습니다. 사람에 따라서는 조선어만 잘 통하면 그것으로 충분하다고 생각합니다만, 결코 그렇지만은 않습니다. 인격도 좋고, 재능도 있으며 사물의 도리와 의무를 분별하여 소중히 여기는 자가 아니고서는 진정한 도움을 주는 통역자라고는 할 수 없습니다"라고 하면서 인간적인 통역 육성에 대한 의견을 제시했다.

그러나 쓰시마의 사상은 메이지 유신 이후 '정한론'으로 기울어졌다. 심혈을 기울여서 만든 『교린수지』는 일본 육군의 조선 침략 교재로 이용되었다. 히데요시를 찬미하는 정부의 외교관계자들에게는 쓰시마의 "조선과의 교류에 있어서 제일 먼저 조선이 인정(人情) 사회라는 걸 아는 것이 중요하다"(『교린제성』)라는 가르침은 무시되고 타민족을 압박하거나 희생하여 선진국의 일등 자리를 얻으려고 조선과의 선린 관계를 일방적으로 깨뜨렸다. 일본 민중은 우호의 상징인 조선통신사를 조공사절로 격하시킨 『일본서기』의 신라 정토설화에 의해 조선을 조공국화하는 논리로 에도 시대에는 체험하지 못했던 민족차별로 오염시켰던 것이다.

근대의 불행한 '한일병합'에 이르는 35년간의 역사와, 그후 35년 동안의 역사를 성실하게 직시한 뒤 교훈을 얻는 작업은 현대의 커다란 과제였다. 메이지 유신으로 암전되기 전의 긴 '한일관계사의 빛나는 부분에 의하여 그림자의 정체를 조명해 가는 것이 필요'하며, 또한 '빛을 찾기 위해 그림자의 허상을 분명히 인식하는 것이 중요'(우에다 마사아키, 「고대 조선관계사의 시점」 『일본과 조선의 2천년』 오사카 서적)한 것이다.

이 사진집은 화려한 에도 시대의 『조선통신사자료집성』(고단샤)에 이어서 편집되었다. 가노 탄유, 하네가와 토에이, 하나부사 잇쵸, 우타마루, 호쿠사이 등이 그린 조선통신사 그림에는 평화롭고 인간적인 분위기가 전해지는데 반해, 메이지 시대 이후의 조선과 조선인을 묘사한 사진에서 전해지는 것은 일본인의 민족 이기주의와 인간성을 모욕하는 사상뿐이다. 전자의 강한 채색으로 된 기념비적 기록화를 '밝음'이라고 한다면 후자는 기계문명에 의해 생긴 렌즈를 통한 식민지 지배자의 냉혹한 '어둠'의 기록이라고 할 수 있겠다. 일제강점기의 사진이 절대적으로 적은 이유는 해방 이후 일본에 불리한 사진과 자료들이 소각되었기 때문이다. 또한 잔인한 탄압의 기록, 예를 들면 1919년 3·1운동에 관한 사진이 몇 장밖에 남아 있지 않는 것만 보더라도 역사의 왜곡, 사실의 은폐를 위해 그들이 기울인 노력을 짐작할 수 있다.

이 사진집의 사진들은 조선인의 손으로 찍힌 것은 전무하며 대부분이 일본인에 의해 촬영된 것이다. 육군·통감부·총독부의 지시에 의한 사진이 많지만 '정한론'이 시작된 메이지와 다이쇼, 쇼와 역사의 또 다른 궤적을 알 수가 있다. 이 책은 이웃 일본은 우리에게 어떠한 존재였는지, 지금 다시 한 번 되묻기 위해 만든 것이다.

1987년 7월

신기수

왕권 강화에 힘쓴 흥선 대원군—조선왕조 26대 고종의 부친, 1898년 서거

차례

머리말 ······ 5

1. 일제의 조선 침략과 카메라 ······ 11
2. 청일·러일전쟁과 통감부 ······ 47
3. 의병항쟁 ······ 56
4. 민족존속의 거점-서당·학교 ······ 77
5. 조선 농촌과 일본인 지주화 ······ 82
6. 북간도-통감부 간도 임시파출소 ······ 94
7. 이토 히로부미를 쓰러뜨린 안중근 의사 ······ 113
8. 한일병합 ······ 119
9. 병합 후의 민중 생활 ······ 135
10. 3·1독립운동 이후 '문화정치'로의 전환 ······ 160
11. '문화정치'와 쌀수매 정책 ······ 166
12. 서울 → 경성, 변천하는 서울 ······ 192
13. 새로운 민족운동으로의 발전-6·10만세운동 ······ 209

경주 첨성대. 7세기 초 신라시대의 천문대

14. 전국토의 감옥화-조선의 형무소 ······ 215
15. 일본군의 국경 경비와 독립운동 ······ 228
16. 중국 동북부에서의 항일무장투쟁 ······ 253
17. 재일동포의 역사와 활동 ······ 266
18. 강제연행(1939-) ······ 283
19. 황민화 정책의 정점 – 창씨개명, 지원병, 위안부, 신사참배, 협화회 ······ 292
20. 8·15해방 ······ 303

부록 ; 쓰레기장에서 발굴한 윤봉길 의사의 유골 ······ 310

후기 ······ 317

역자 후기 ······ 318

연표 ······ 319

사진 제공자와 출전 ······ 327

강화도조약이 체결되었다는 소식을 듣고 걱정이 되어 강화도 남문(1876년) 앞에 모여든 사람들

1. 일제의 조선 침략과 카메라

19세기 말 조선은 일본과 함께 외국인 사진가들이 좋아하는 피사체였다. 일본은 강화도사건을 도발하여 불평등 조약으로 조선의 개방을 요구했다. 1890년에는 일본공사관이 서울에 설치되었으며, 1882년에는 청국이, 다음 해에는 미국, 1884년에는 영국, 1885년에는 러시아, 1886년에는 프랑스가 차례로 공사관을 개설하였다.

일본인 사진가들도 무거운 대형 카메라와 건판을 가지고 현해탄을 건너왔다. 19세기 후반 선진자본주의에 의해 발달한 화학, 전기산업제품 가운데 카메라, 필름이 일본에 수입되자 일본의 조선 침략의 선두에 카메라가 동원되었다.

당시 카메라 기술을 익히는 데는 최소한 10년 정도가 소요되었으며, 네덜란드나 영국의 텍스트를 읽기 위해서는 어학력, 이화학에 대한 지식이 필요했다. 따라서 사진가는 시대의 최첨단 기술자로 사회적으로도 높은 평가를 받고 있었다.

카메라 앞에서 사진을 찍힌 피사체는 영주나 호족, 창녀들 위주였고, 일반인들이 카메라 앞에 선 것은 청일전쟁 때부터였다. 전쟁터로 끌려가는 농민이나 시민들이 마지막으로 기념사진을 찍는 것이 유행했다.

메이지 헌법에 의해 국민 모두가 병역의 의무를 가지는 국민개병제도는 군복을 착용한 모습을 사진에 각인시킴으로써 사람들의 군복에 대한 위화감을 갖지 않게 했다. 따라서 일본에서 최초로 탄생한 사진관이 사단·연대·관청·군항 등에 많이 생기고 번창하게 된 필연성이 있었다. 나가사키의 영국 증기선 위에서 1882년 여름에 촬영한 일본 공사관원들의 기념사진은 역사적인 기록이 되었다.

무력을 배경으로 강요된 강화도조약에서 일본에 관세 면제의 특권을 준 조선 정부는 스스로의 목을 조이는 결과를 가져왔다. 조선으로 들어온 일본 상품에 대한 불매운동이 자연발생적으로 일어났으며, 1882년 7월의 임오군란은 급료였던 쌀이 지불되지 않자 구식군인들의 쌓였던 불만이 폭발한 것이었다. '개국'으로 조선 쌀이 일본으로 유출되어 쌀의 가격이 급등하자

남한산성 남문(1894년)

쌀파동이 일어났고, 반란군인들은 창고와 관공서, 일본공사관을 습격했다.

하나부사 요시모토 공사는 공사관에 불을 지르고 인천으로 도피하여 영국 증기선을 타고 나가사키로 도망을 갔다. 살아남은 공사관원들은 영국 사진가의 렌즈 앞에 서서 기념촬영을 했다. 인천, 강화도에 있었던 일본인 사진가들은 항일운동을 하고 있는 조선인들을 '폭도'로 촬영했다.

역대 일본의 조선 공사 중에서도 미우라 고로의 범죄는 영원히 잊을 수 없다. 이노우에 카오루 후임으로 조선 공사가 된 육군 중장 미우라 고로는 청일전쟁에 승리한 뒤 러시아, 독일, 프랑스의 삼국간섭으로 요동반도를 반환한 뒤 조선에 있는 일본군의 불리한 정세를 역전시키고 항일운동을 제압할 목적으로 명성황후를

한복을 입고 여행 중인 비숍 여사

미국 함대의 수병들(1871년)

강화성 초지진(1876년)

시해했다.

　서울의 일본군 수비대와 공사관원들은 1895년 10월 7일 밤 왕궁에 침입하여 부인 3명을 살해하고 숲속에서 불태웠다. 이같은 전대미문의 흉포한 행위의 이면에 일본인 사진가의 역할이 있었다는 것을 간과할 수 없다.

　일본 정부는 이미 왕실의 전용사진사로 무라카미 덴신을 투입하여 명성황후와 왕궁관계자의 사진을 찍어서 일본군 수비대에 넘겨 사진을 토대로 명성황후의 모습을 기억하게 했다. 왕궁의 많은 궁녀 가운데 명성황후로 보이는 여성을 정확하게 찾을 수 있었던 것은 사진에 의한 것이다(강상규, 『한국사진사』 형설출판사 참고).

　이 무렵 서울의 번화가에는 일본인 사진재료상이 생겼다. 국제적으로도 활약한 메이지 중기의 대표적인 사진가인 오가와 마고토는 건판 제조나 『청일전쟁실기』 표지사진 인쇄, 콜로타입 인쇄의 시판용 제작까지 손을 댔는데 일찍이 힘 안 들이고 쉽게 돈을 벌 수 있는 조선 시장에 눈독을 들이고 가게를 차렸다.

　신미양요 때 촬영한 사진으로 알 수 있는 것처럼 조선의 첫 사진은 미군에 의해 촬영되었으며 『전투기록사진집』에 초지진 포대를 점령한 육전대와 해안포대 등 여러 장의 사진이 수록되어 있다. 또한 1883년 민영익의 외국인 비서인 퍼시벌 로웰이 촬영한 사진이 그의 저서 『조선, 고요한 아침의 나라』(1885년 출판)에 수록되어 있다. 1894년에는 영국 왕실지리학회 회원인 이사벨라 버드 비숍 여사가 일본, 시베리아를 거쳐 조선과 중국을 여행하였고, 조선 복장을 한 채 말 위에서 찍힌 사진과 풍속과 농민들을 촬영한 사진들이 남아 있다.

　이 사진집의 첫번째 장에 실린 십여 장의 사진들은 일본의 아마추어 사진가 하야시 다케이치(林武一)가 찍은 것들이다. 그는 에도 시대의 번교(藩校. 에도 시대 무사의 자제들의 교육을 위해 세운 학교 - 역주) 중에서도 명문교에 속했던 명륜관 문학기숙사의 졸업생이었으며 일찍이 수재로서 주목을 받았던 인물이었다. 에도 시대 때 명륜관 교수들은 조선통신사가 일본을 방문해 주길 학수고대했으며, 아카마가세키에서 학술 교류를 펼친 역사가 있다. '정한론'의 요시다 쇼인과 이토 히로부미는 아웃사이더였다.

　사진을 한 장 촬영하려면 여성의 한 달치 급료가 필요했던 당시, 하야시는 경제적으로 축복받은 환경에 있었다. 지방 영주 토도공(藤堂公)이 일본 최초의 사진가인 우에노 히코마에게 사준 네덜란드 카메라는 150냥이었다(1862년 분큐 2년). 시대를 앞서는 투자였다. 각 지방 영주들의 카메라에 대한 관심은 오늘날 일본 카메라의 번영을 암시하고 있다.

　하야시는 1871년(메이지 3년)에 독일 학교에 들어가서 1874년(메이지 6년)에는 오사카 공립영어학교에 입학했으며, 나중에 영국 왕손이 승선한 배가 나가토 아카마가세키에 정박하자 통역 겸 접대역으로 활약했다. 그후 대장성에 들어가 해군성 관리를 거쳐 영국으로 출장 후, 1887년 런던영사관에서 1888년 조선 경성의 일본공사관으로 부임했다. 그는 영국에서 익힌 카메라 기술을 발휘해 조선 땅의 역사적인 고성 성벽, 성문, 풍속 등을 촬영했다.

　노출 시간이 긴 대형 카메라를 삼각대에 세워서 촬영한 120장의 사진은 후에 하야시의 아내 가메코가 망부를 기리며 사진사 오가와 마고토와 상의해 사진석판화로써 1892년(메이지 25년), 『조선국진경(朝鮮國眞景)』이라는 타이틀로 출판되었다.

　일본사진협회 회원이기도 했던 하야시의 카메라아이는 구도도 좋고 날카로운 시선을 가지고 있다. 돈의, 숙정, 혜화, 광희, 소의, 창의 여섯 문을 시작으로 경복궁, 경희궁, 훈련원, 영국총영사관과 각국의 영사관을 촬영하였다.

용산의 일본인 거주지

일본공사관은 신유럽풍으로 설계되어 남산 쪽에 세워졌다. 전면 왼쪽에는 영사관을 배치하고 관내에 우편국·경찰소를 지었으며, 뒷편에는 일본인 거주지를 만들었다. 일본영사관에서 찍은 〈각국의 사신들과 조선 대신〉 사진은 하야시 다케이치의 특권적 지위가 아니었으면 촬영하지 못했을 것이다.

공사관 근무 중 여가시간을 활용해서 서울 거리를 걷던 하야시는 '원각사지10층석탑'도 찍었다. 조선왕조는 유교에 의한 통치이념을 기본으로 절이 많은 한양으로 천도하면서 절을 대부분 성 밖으로 옮겼으나 이 탑만이 신기하게도 남아 있다. 이 탑의 훼손된 상층 2단은 도요토미 히데요시가 서울에 침입했을 때 이 탑을 해체해 일본으로 가지고 가려고 했을 때 생긴 것이다.

서울 시내의 각각의 성문은 매일 오전 3시에 종소리가 울려 퍼지면 모든 문을 열고 오후 8시경에 다시 종소리가 울려 퍼지면 문을 닫아서 통행을 금지했다. 오후의 종소리와 함께 남산 봉화대에 봉화를 올리는 제도는 조선왕조 500년간 계속되었다는 사실을 하야시가 소개하고 있다. 각 성문의 안팎 좌우에는 작은 음식점들이 있었으며, 새벽시장이 열렸다고 했다.

서울 어학교를 찍은 특이한 사진은 관립 어학교로서, 일본에서 오카쿠라를 초빙하여 영어와 일본어를 가르쳤다고 한다.

하야시가 근무하고 있을 무렵 일본공사관은 조선에서 유통하고 있는 백동화, 엽전(동화)을 회수한 후 일본과 동일한 '화폐개혁'을 하려고 준비했다.

1904년 제1차 한일협약에 따라 미국 유학파 메가타 스타로(目田種太郎, 대장성 주세국장)가 재정고문이 되어 일본 화폐를 조선 국내에서도 유통시켰으며, 조선의 관세 자주권을 박탈하였다. 이와 같은 제국주의적인 침략의 선두에는 명륜관 출신인 하야시가 카메라를 들고 있었다. 하야시가 일본으로 귀국한 1892년(메이지 25년) 봄, 청국과의 전쟁 준비로 분주한 가운데 인천항에서 출발한 이즈모마루가 전라도 소안도 근처에서 암초에 걸려 침몰했는데 그때 그도 배와 함께 바닷속으로 사라졌다. 같은 해에 일본은 대일본제국 헌법을 공표하고 다음 해엔 제국의회에서 야마가타 아리토모가 시정연설에서 "국가의 독립 자위에 있어 주권선(국경)을 지켜야 하고, 이익선(조선)을 지켜야 한다"라고 역설했다.

조선은 천황의 신정부에 의해 일본의 이익선, 생명선으로 규정되었다. 이 생명선을 방해하는 것은 모두 폭도이며 비적이었다. 카메라는 위협할 수 있는 최대의 무기가 되었으며, 공개 처형 장면이 담긴 사진을 사진엽서로 만들어서 본보기로 널리 배포하였다.

1894년 2월 전라도 고부군(古阜郡)에서 시작된 조선 농민의 항일투쟁은 각지의 농민 봉기로 이어졌다. 일본군은 조선의 농촌에 널리 퍼져 있던 불교·유교·도교와 같은 민족종교, 동학이 내건 반봉건·반침략에 대한 모든 것을 압살하지 않으면 안 되었다. 또한 동학당 지도자의 잔혹한 처형과 처형한 후의 사진은 일본에서 온 사진사가 촬영한 것이었다.

조선을 노리고 있던 일본은 사회개혁을 하려는 동학 농민들의 무장봉기를 절호의 기회로 받아들였으며, 청나라 군사가 조선에 상륙하자마자 서울과 인천에 정예부대를 파견하였다. 종군사진가는 무거운 대형 카메라를 여러 사람이 운반하게 하여 전쟁사진을 찍어서 일본으로 보내 군국주의의 선동용으로 사용하게 했다.

부산에 상륙한 노즈 대장의 부대가 일본 히가시혼간사의 부산 별원으로 창건된 지금의 대각사 근처 소나무 숲에서 숙영하고 있었는데 사진가들은 이곳에서 스냅 사진을 많이 찍었다. 이처럼 일본의 사진은 전쟁과 함께 발전했다.

창의문(서북문). 서울 주변의 문은 매일 오전 3-4시경 종소리와 함께 문을 개방하고, 오후 8-9시에 다시 종소리와 함께 닫혔다. 이후 왕래를 금지시켰다. 저녁 종소리가 울리면 남산 봉화대에서 봉화를 올렸다. 서울에서 500년 동안 계속되어 온 풍습이다. 각 문의 안팎으로는 작은 식당과 술을 파는 새벽시장이 열렸다.(1888년)

돈의문. 숙청문·혜화문·광희문·소의문·창의문은 동대문·남대문과 함께 누각 위에 다시 작은 누각을 세운 2층형 건물이다.
높은 성벽이 문 좌우로 이어졌고, 대문은 철판으로 되어 있어서 적의 침입을 막았다.

혜화문(동북문)

숭례문(남대문)

소의문(서남문)

광희문(동남문)

경복궁 광화문 앞. 임진왜란 당시 불태워진 경복궁을 대원군이 1872년에 재건하였다.

1880년 당시의 서울
아래, 서울 남산의 군사훈련장

일본공사관

미우라 고로 일본공사(왼쪽)와 강화도사건 당시의 이노우에 카오루 해군 대장(오른쪽)

명성황후(1851-1895) 위의 사진은 당시 왕궁의 사진가 무라카미 덴신이 찍은 것이다.(이 사진은 명성황후의 사진으로 추정될 뿐 여러 이견이 있는 사진이다 - 역자)

명성황후 시해와 미우라 고로

이노우에 후임으로 부임한 미우라 고로 일본공사는 조선 고종의 황후인 명성황후의 시해를 직접 지휘했다. 미우라가 지휘 하에 공사관원, 경관 등이 광화문을 통해 경복궁에 침입하여 궁내 대신인 이경식을 죽이고 명성황후로 보이는 여성 3명을 살해했다. 그중 한 사람이 사진에 의해 기억된 명성황후라 판명되었으며, 시신은 왕궁 뒤 숲속에서 석유를 뿌려 불태워 버리고 전광석화와 같이 작전을 마무리하였다.

花房公使一行遭難記念
Gommemorating the assault made on the persoon of Japanese Minister Hanabusa

도망친 하나부사 요시모토 일행. 조선 쌀이 일본으로 유출되어 쌀값이 폭등하자 쌀파동이 일어났고, 급료였던 쌀이 지급되지 않자 오랫동안 쌓였던 불만이 폭발한 임오군란의 군사들이 서대문 밖에 있던 일본공사관을 포위했다. 하나부사 요시모토 등 일행 28명은 인천으로 피하여 영국 선박 플라잉 피쉬호를 타고 나가사키로 도망을 갔다.

최시경 동학당 제2대 교주. 원주에서 체포되어 서울로 압송된 후 사형을 당했다.

옥중의 최시경

최제우(최복술, 동학 창시자)

동학

동학이란 힘을 잃은 조선의 유교·불교 대신 등장한 종교로서 서학=천주교에 반대하는 의미로 동학이라 명했다.
경주 양반 출신인 최제우에 의해 널리 퍼진 동학사상의 중심은 '사람이 곧 하느님'(인내천)이라는 평등사상이었으며
반봉건·반침략 투쟁을 지지하는 교리로써 농민들의 마음을 사로잡았다.

오른쪽, 1894년 12월 28일 전봉준은 전라도 순창에서 피체, 서울로 압송되어 다음 해 4월 23일 처형, 효수되었다.
왼쪽·아래, 효수된 전봉준

전봉준(1854-1895)

그의 부친 역시 민란에 참가하였다가 처형되었다. 전봉준은 동학의 고부 접주로, 서당에서 글을 가르치며 지냈다. 체포된 뒤 관리가 "고부 군수에게 피해를 입지도 않았는데 왜 군사를 일으켰느냐"고 묻자 "그는 세상이 잘못되고 있어 한번 건져 보고자 했다"고 대답하였다.

대한제국 경찰관의 복장 (1)

경사   경사부감   청사   권임(權任)

당시 병기 및 복장   기마 순사   감독 순사   경무사

대한제국 경찰관의 복장 (2)

군관

보교

종사관

포도대장

총순

경무관

경무사

군사

강화도에서 활약한 의병 지도자 이능권(李能權)의 체포 직후의 모습

해산 직전의 대한제국 군인들. 국왕 호위를 위한 약 2,000명의 병력과 군악대가 일본군의 강요로 1907년 해산되었다.

대한제국 군인

에도 시대 말기, 조선의 관리? 아니면 조선의 대마번 상인과의 상담을 하고 있는 것일까? 장소는 대마일까, 아니면 부산?

영은문(迎恩門). 청국에 대한 사대외교의 상징인 '영은문'은 청국의 사절을 맞이하기 위한 것이었으나 서재필 등이 결성한 '독립협회'에 의해 헐리고 대신 '독립문'이 세워졌다.

원각사지10층석탑. 서울 탑동(탑골)에 있으며 조선 시대에 모든 사찰은 성 밖으로 옮겨졌고 이 탑만 남았다. 1592년 도요토미 히데요시가 서울에 침입했을 때 침략군은 이 탑을 해체해 일본으로 가지고 가려고 했으나 너무 무거워 상단 2단을 끌어내리다가 훼손만 시켰다.

일본공사관에서의 연회에 참석한 각국의 사신과 조선 대신. 미국공사, 청국공사, 프랑스 이사장, 영국총영사 대리, 독일영사 대리, 조선의 고문관으로 온 미국인, 조선 대신, 일본공사와 공사관원 등이 기념촬영을 했다.

러시아공사관

일본의 군함 외교에 의해 강화도조약이 성립되자 하나부사 요시모토를 변리대사로 파견, 부산, 원산, 인천, 세 항구를 개항시켰다. 1882년 5월, 조미수호통상조약이 조인되었으며 다음 해에는 영국과 독일, 1884년에는 이탈리아, 러시아와 조약을 맺었다. 모든 게 불평등 조약이었다. 왼쪽의 러시아공사관은 1884년 조선과 조약 의정시 일본인을 직원으로 채용했다. 유럽풍의 관사.

미국공사관 앞에 도열한 미군 병사

1891년 서울에 개설된 일본어학교의 학생들. 어학교는 관립이었으며, 일본에서 파견된
어학공사가 영어와 일본어를 가르쳤다. 학생은 약 30여 명.

광개토대왕비

고구려 19대 왕인 광개토대왕비에 대하여 재일동포 사학자 이진희(李進熙) 씨가 주장한 '석회도부작전(石灰塗付作戰)'이라는 충격적인 설을 제기하여 국제적인 논쟁을 일으켰다.(1972년에 이진희 씨가 제기한 일본군 참모본부의 광개토대왕 비문 훼손설. 그는 일본이 만주를 침략하기 위해 현대사는 물론 고대사까지 조작 왜곡하여 정당화하기 위한 조작극을 벌였다고 주장했다. 또한 과거 불분명했던 자획까지도 분명하게 되어 있는데 이것은 석회를 발라 조작한 결과라고 주장하고 있다 – 역자)

압록강 북쪽 고구려 국내성에서 북방 4킬로미터 지안현 퉁거우에 세워진 이 비는 1982년에 세워진 높이 14미터의 비각 안에 있다. 비석의 높이는 6.3미터, 폭 1.4미터로 한국 최대의 크기로 고구려 문화의 한 단면을 보여준다. 거대한 자연석에는 광개토대왕의 위업을 알리는 1,802자가 새겨져 있다.

인천 앞바다에 정박 중인 일본 군함(1894년)

인천에 상륙한 일본군(1894년 9월 12일). 봉기한 조선의 농민군이 전라도 전주를 점령하자 명성황후는 청국군의 출병을 요청했다.
일본군은 서울에서 가장 가까운 인천에 군함을 파견하여 서울로 침입했다. 도요토미 히데요시의
조선 침략으로부터 헤아려 보면 약 300년 만의 일본군 재침략이었다.

부산 별원 후방에 군마를 타고 나타난 노즈 대장

부산 상륙 직후의 일본군 숙영지

서울로 출발하는 공병 선발대

부산성 유적

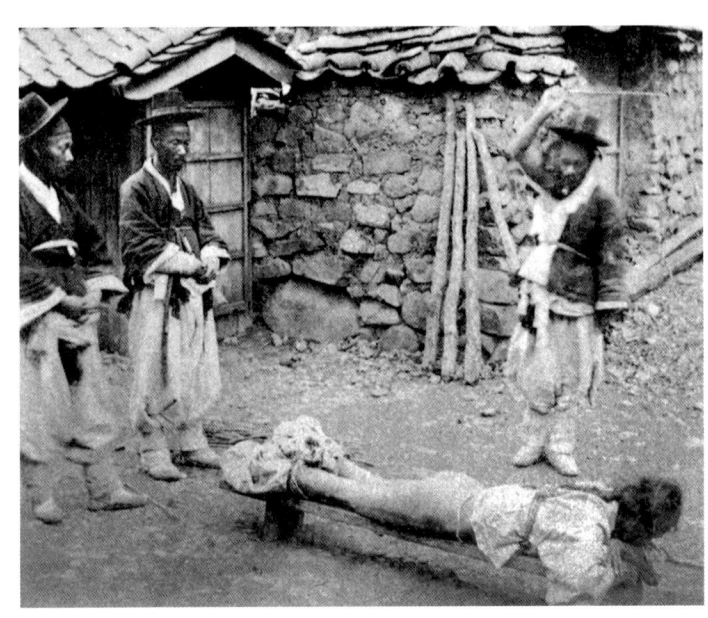

태형

조선시대 관아에서 행해진 전통적인 재판 장면

창덕궁의 정전(正殿) 인정전

창덕궁 주합루

남한산성 한남루

남한산성 길에서 만난 주민들(1888년경)

고종(왼쪽)과 순종(오른쪽). 1907년 6월 네덜란드 헤이그에서 개최된 '만국평화회의'에 일본의 강요로 맺은 '을사늑약'이 무효라는 사실을 알리려던 고종은 강제 퇴위 당했으며, 아들 순종에게 왕위를 넘겨주었다.

이완용(왼쪽). 1905년 '제2차 한일협약'='을사늑약'에 적극적으로 찬성한 학부대신 이완용은 을사오적의 대표적인 인물이다.

시종들(위)

고등문관

군장 무관

상복을 한 노인(위 왼쪽), 개화승 이동인(위 오른쪽), 일상복을 입은 상인(아래 왼쪽), 노부인(아래 오른쪽)

여행 중인 승려들

관현 12인

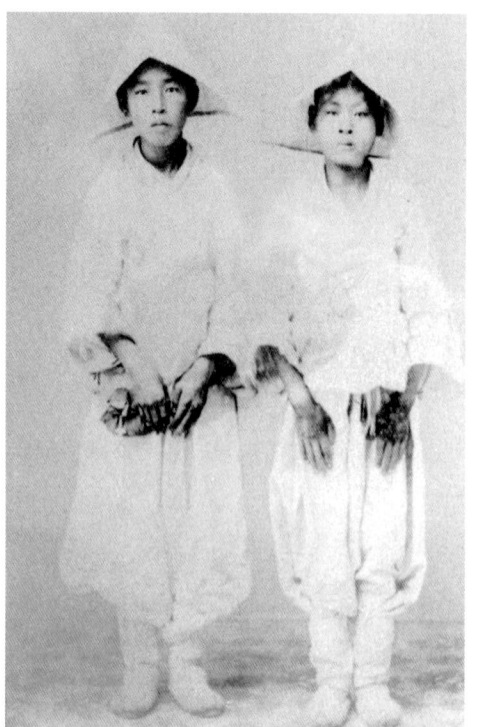

예인들

놀이 중인 어린이들　　관기　　궁녀

부인들　　가마꾼

가마를 타고 외출 중인 부인

2. 청일·러일전쟁과 통감부

러일전쟁

'조선의 독립을 위해'라고 선전된 청일전쟁 이후 일본은 조선을 종속국으로 만들고 이토 히로부미의 오른팔이었던 내무대신 이노우에 카오루를 조선주재공사로 파견하였다. 그의 후임으로 공사가 된 미우라 고로는 고종(1863-1907)의 왕비인 명성황후의 시해를 직접 지휘했다. 러시아에 접근하며 일본을 거부하던 명성황후를 제거해야만 했던 일본은 명성황후의 정적인 대원군을 추대하여 쿠데타를 단행했다. 이렇게 하여 세계사에서도 그 전례가 없는 왕비 시해가 이루어졌다. 이후 '국모(國母) 복수' '왕비의 적을 토벌하자'라는 슬로건을 건 유생들이 '의병'운동을 활발하게 전개했다.

일본은 미국, 영국을 등에 업고(1902년 영일동맹, 1905년 가쓰라·태프트 밀약) '조선은 일본의 생명선'이라 하며 조선에서의 전면적 군사 지배를 목표로 러시아와 전쟁을 일으켰다.

조선은 일본과 러시아의 침략적 야망의 대립 속에서 중립을 선언(1904년 1월)했으나 '한일의정서'를 강요받고 고문정치를 단행했으며, 반(半)식민지화의 길로 들어섰다. 순식간에 외교권을 박탈한 1905년 11월의 제2차 한일협약, 즉 을사늑약을 군복 차림으로 일본군의 선두에 선 이토 히로부미로부터 강요당했다. 조선은 형식적인 국명만을 가진 나라로 일본 외무성에 조선의 외교권을 빼앗겼다. 서울에 있던 다른 외국 공사관 전원이 철수하고 영사관만 남았다. 미국, 영국이 지지한 이 조치에 러시아는 수수방관했고, 고문정치는 통감부 설치로 이어졌다. 초대 통감으로 이토 히로부미가 취임, 사실상의 식민지 체제가 되었다.

제2차 한일협약은 결코 평화적으로 이루어지지 않았다. 일본 헌병의 삼엄한 감시 속에서 진행된 조선 각료회의에 이토 히로부미, 일본공사 하야시 곤스케, 1904년 4월에 편성된 조선주재군사령관 하세가와 요시미치가 참석하여 군사적·정치적 위협을 하며 채결을 강요한 것이었다.

외교상의 최대 문제를 심의하는 회의는 무력을 앞세운 일본군의 위협 속에서 진행되었으며, 대신들 한 사람 한 사람에게 가부(可否)를 심문하는 방법으로 이루어졌다. 강경하게 반대하는 한규설을 밖으로 데리고 나간 뒤 조약을 조인시켰다. 이때 찬성을 한 이완용(학부대신), 박제순(외무대신), 이근택(군부대신), 이지용(내무대신), 권중현(농상공부대신) 등 5명은 '을사오적'이라 불리며 지탄을 받았다. 이렇게 해서 이토 히로부미의 협박에 조선의 정식 직인이 찍히자 이토는 매국 관료 이완용을 총리대신으로 앉히고 일본군이 만든 친일단체 일진회의 송병준과 함께 국왕 고종을 퇴위시키고 순종을 국왕으로 즉위시켰다. 같은 해 7월에는 제3차 한일조약을 결성하여 통감의 지위는 절대적인 권력자로서 굳어졌다.

서울에 있는 중심부의 조선주재군사령부의 거대한 건물은 조선 전국을 군사적으로 지배하는 거점이 되었으며, 러일전쟁 중에는 조선의 항일투쟁을 억압하는 중심지였다. 러일전쟁 후에는 전신·전화·철도 확보를 위한 군율을 정하고 이를 위반하는 자를 공개 처형했으며, 처형 장면을 사진엽서로 만들어 전국에 배포하기까지 했다. 이때도 일본인 사진사가 카메라의 셔터를 연신 눌러댔다. 일본군은 잔인한 식민지 지배에 대한 국내외의 비난을 피하기 위해 일본의 우익의 원조인 흑룡회의 우치다 료헤이를 조선 정부의 고문으로 두고, 이용구·송병준으로 하여금 일진회를 조직하게 한 다음 일본군의 정책을 민중이 지지하는 것처럼 성명을 발표하게 했다. 1904년 11월 20일 『황성신문』의 장지연 사장은 「시일야방성대곡(이날을 목 놓아 우노라)」이라는 사설을 실어 조약 체결의 부당성을 지적했다.

청일전쟁 중 차출돼 청국 포로를 감시하는 조선 병사

러일전쟁에서 러시아군 스파이를 처형하는 일본군(중국 동북부)

'한일의정서' 체결 기념사진(1904년)

을사늑약 체결 후 촬영한 기념사진(1905년)

통감부 전경(1905년 설치)

메이지 천황과 이토 히로부미

조선인이 성장하면서 최초로 외우는 일본인 이름은 도요토미 히데요시와 이토 히로부미였다. 근대로 들어와 이민족 지배를 받은 조선인에게 있어서 이토 히로부미는 특히 잊을 수 없는 민족의 적이었다. 러일전쟁에서 승리한 일본은 이토 히로부미를 전권대사로 '을사늑약' 각료회의에 보냈다. 헌병대가 회의를 감찰하고, 하세가와 요시미치 주재군 사령관이 헌병대장과 함께 회의장에서 반대파 각료들을 위협했다.

메이지 천황

이토 히로부미

조선주재군사령부 정문

통감 데라우치 마사다케

부통감 야마가타 이사부로

이사청 지방 행정관사(1909년)

통감저에 모인 보통학교 교감단(1907년)

일본 황태자(후일 다이쇼 천황)의 조선 방문. 1907년 일본 황태자가 조선을 처음으로 방문했다.
앞줄 오른쪽부터 이토 히로부미, 아리스가와 노미야, 영친왕(순종의 동생, 이토 히로부미에 의하여 강제로 일본에
끌려가 일본인 나시모토 마사코(한국명 이방자)와 정략결혼을 하였다), 일본 황태자, 둘째 줄에는 조중응,
한 사람 건너뛰어 가쓰라 타로, 도고 헤이하치로, 이완용(을사오적), 송병준, 이병무(李秉武) 등의 모습이 보인다.

이용구와 일진회

이용구(1868-1912)는 일본 우익의 원조, 흑룡회 주간인 우치다 료헤이와 송병준과 함께 친일단체 '일진회'를 결성하여 '한일병합'이 마치 조선인들의 희망인 것처럼 위장했다.

이용구

이용구의 집에서 기념촬영한 일진회 자영단 원호대 일동, 일본인들도 뒤섞여 있다. (1908년 12월)

3. 의병항쟁

서원의 전경

일본의 군사력을 서울에 집결시켜 강행한 '을사늑약'이 체결되자 의병항쟁은 격렬해졌다. 국왕에게 조약을 파기하라는 상소를 올렸으나 일본군 헌병대에게 저지당했으며, 시종무관 민영환은 자결을 했다. 조선 민중은 각지에서 의병을 일으켰다. 정부의 정규군, 군관이 아닌 민병은 조선의 전통적인 의병이다. 국가와 민족의 존망 위기에 조정의 명령을 받지 않고 자주적으로 일어난 민중의 투쟁이었다.

반침략·반봉건 슬로건 아래 정부군을 대신하여 투쟁한 1894년 농민전쟁 후 10년째가 되자 의병항쟁은 일파만파로 확산되었다. 상인은 상점의 문을 닫고, 학교는 스트라이크를 일으켜 폐쇄되었다. 이토 히로부미에 의해 해산된 구한국군은 의병들과 합류했다. 이렇게 하여 1905년부터 1907년에 걸쳐 의병항쟁은 크게 고양되었다.

청일·러일전쟁에서 승리한 근대적인 장비를 가진 일본군이 가장 애를 먹은 것은 맨주먹으로 봉기한 조선의 농민들이었다. 그들은 일부 매국노나 기회주의자를 제외한 전민족적인 항쟁부대였다.

네덜란드의 헤이그에서 열린 만국평화회의에 이준, 이위종, 이상설 등 세 명의 밀사가 파견되었다. 회의에 참석할 수 없게 된 이준은 할복자살[장지연의 『위암문고(韋庵文稿)』 등의 영향으로 오랫동안 이준이 할복자살한 것으로 잘못 알려져 왔으나, 이는 당시 일제의 억압에 대한 반일적 분위기 속에서 자연스럽게 이준이 영웅화되면서 할복자살설이 떠돈 것으로 추정된다 - 역주, 위키피아 참조]하여 일본의 침략행위에 항의했다. 이상설이 세운 서당으로는 북간도에 '서전서숙'이 있다.

헤이그 밀사가 좌절되자 이토 히로부미는 '불신'을 이유로 국왕 고종을 강제 퇴위시키고 대한제국 군대를 해산시켰다. 제3차 한일조약의 강요로 한국 정부의 각부 차관에 일본인 관리를 임명하여 각 대신은 '장식품'에 지나지 않았으며, 실제 정치는 통감이 지휘하는 일본인 차관이 했다(차관정치).

의병항쟁은 1907년(메이지 40년) 일본측 발표만으로도 전투 1,223회, 의병 4만116명, 다음 해에는 1,451회의 전투에 6만9832명이 참가, 1909년에는 전투 898회, 의병 2만5,863명, 1910년에는 147회의 전투에 의병 1,891명이 참가했다.

1904년과 1907년 2회에 걸쳐 조선에 특별히 파견된 외신기자 2명 중 영국의 『데일리 메일』 신문기자 맥켄지는 적극적으로 현지를 취재했다. 처음엔 오구라 근위 제12사단에 편성된 제일군에 종군하여 군율과 질서에 감동하여 '옐로우 양키'라고 불릴 정도로 친일인사가 되었다. 그러나 의병을 잔인하게 죽이는 일본군의 만행을 본 그는 반일인사로 바뀌어 일본군의 엄격한 검열을 피해 기사를 런던으로 보냈다.

두 번째 조선에 파견된 맥켄지가 본 서울은 일본군이 성과 왕궁 도처에 보초를 세워 단발을 해라, 복장을 바꾸라고 엄격하게 통제하는 거리 모습이었다. 야음을 틈타 성내로 들어오는 지방의 피난 농민으로부터 얻은 소식은 전국 각지에서 의병들이 봉기했다는 것이었다.

일본의 파견부대가 전멸 당하자 보복 차원에서 마을 전체를 불태우고 주민 모두를 살육했다는 소문을 들은 맥켄지는 현지 취재를 위해 통감부와 담판을 짓고 충청도 산간벽지의 초토화한 마을 곳곳을 돌아보았다. 그는 원주, 양주에서 구대한제국군 군복을 입은 18살부터 25살까지의 의병들과 만나기도 했다.

그들이 엽총이나 소총과 같은 열악한 무기로 일본 정규군 일개 사단과 여러 주 싸우고 있는 것을 본 맥켄지는 놀라워하며 셔터를 눌렀다.

일본군의 공격에 몰린 의병들은 맥켄지에게 "일본인

철도 부설공사장을 찾은 일본인 통감

의 노예로서 장수하는 것보다 죽음으로써 자유를 얻는 편이 낫다"라고 당당하게 말했다. 맥켄지는 이 말에 깊은 감동을 받고 서울로 돌아왔다. 다음 해 1908년 맥켄지는 『대한제국의 비극』을 출판하여 조선에서의 일본 침략군의 만행을 전 세계에 폭로했다.(맥켄지 저, 『의병항쟁에서 3·1운동으로』)

1907년 12월, 의병들은 경기도 양주에 집결하여 이인영이 총대장이 되어 서울 공격을 시도했다. 1909년에는 9월 1일부터 2개월에 걸쳐 '남한대토벌작전'을 전개한 일본군 작전에서 알 수 있듯이 전라남북도에 전국 의병의 주요 세력이 결집되었다. 이 '폭도토벌'에 종군한 일본인 종군사진가의 사진은 '남한폭도대토벌기념사진첩'이라는 이름으로 출판되었다.

의병항쟁은 평민 출신의 의병장이 등장하여 게릴라와 같은 소부대 활동을 통해 일본군을 정신 못 차리게 했다. 한정된 지역에서 대부대만으로는 이길 수 없다는 것을 깨달은 일본군은 촌락 단위로 소부대를 주둔시킴으로써 전면적인 군사 지배로 전환하고 조선인을 헌병보조원으로 채용하여 의병의 움직임을 파악하게 했다.

1909년 9월부터 시작된 전라남도 의병토벌작전은 물샐틈없는 포위작전으로 전개되었다. 전라남도의 곡창지대와 연해에서 일본의 이권을 지키기 위한 의병 근절작전이었다. 당시의 상황을 황현은 『매천야록』에 이렇게 기록하고 있다.

"주변을 포위하고 마을의 집들을 샅샅이 뒤져서 죽였다. 길 가는 사람은 하나도 없었고, 이웃집에도 가지 못했기에 의병들은 도망갈 길을 잃었으며 힘이 남아 있는 의병들은 밖으로 나와 싸우다 죽고, 약한 자들은 시퍼런 칼날을 받았다. 강진 해변까지 쫓겨 갔다. 사망자 수천 명"(김의환 저, 『의병운동사』 박영사). 일본군은 예상한 전과를 얻지 못하고 토벌기간을 10월 25일까지 연기할 수밖에 없었다.

일본군은 잡아들인 의병들의 머리를 깎고, 도로공사에 사역을 시켰다. 의병장들에 대한 고문은 상상을 초월하였으며, 꽁꽁 묶어서 인분을 먹게 하는 등 포악함이 극에 달했다.

그러나 포로가 된 의병장들의 씩씩하고 당당하며 고집스러운 얼굴은 박포대, 김공삼의 사진에서 볼 수 있듯이 대형 카메라 앞에서 총을 들고 포즈를 취할 만큼 여유가 있었다.

머리에 맞지도 않는 작은 삿갓을 쓴 유명한 유학자

마을 입구에 세워져 있는 장승

총독부 경무총감 산하의 한국인 경관들

심남일, 김해삼은 고문에 의한 상처를 감추기 위해 일본군이 억지로 삿갓을 쓰게 했다는 지적도 있다(신용하 서울대 교수, 『동아일보』 1986년 3월 10일자).

토벌작전으로 103명의 의병장들이 살해되고 2,000여 명의 의병이 포로가 되었다. 목포의 의병들은 일본군 수뢰정에 막혀 바다로 나가지도 못하고 투항했다. 토벌이 끝난 마을 곳곳에서는 의병장의 목을 베어 매달아 둔 모습을 볼 수 있었다. 일본인 종군사진가에 의해 찍힌 의병의 효수 사진은 지금까지 전해지고 있다.

『매천야록』의 저자 황현은 1855년 전라남도 광양에서 출생한 유학자다. 그는 전라남도 의병의 최후의 투쟁을 기록한 다음 해 '한일병합' 소식을 듣고 절명시를 남기고 자결했다.

의병활동과 함께 애국계몽운동도 활발히 일어났으며 대한자강회, 헌정연구회, 신민회, 호남회는 각각의 신문을 발행해 애국심을 고취하였으며 학교도 설립했다. 그들의 대부분은 기독교 교인으로 과거의 민족사를 알 필요가 있다며 『대한역사』『이순신전』 등을 출판했다.

서원

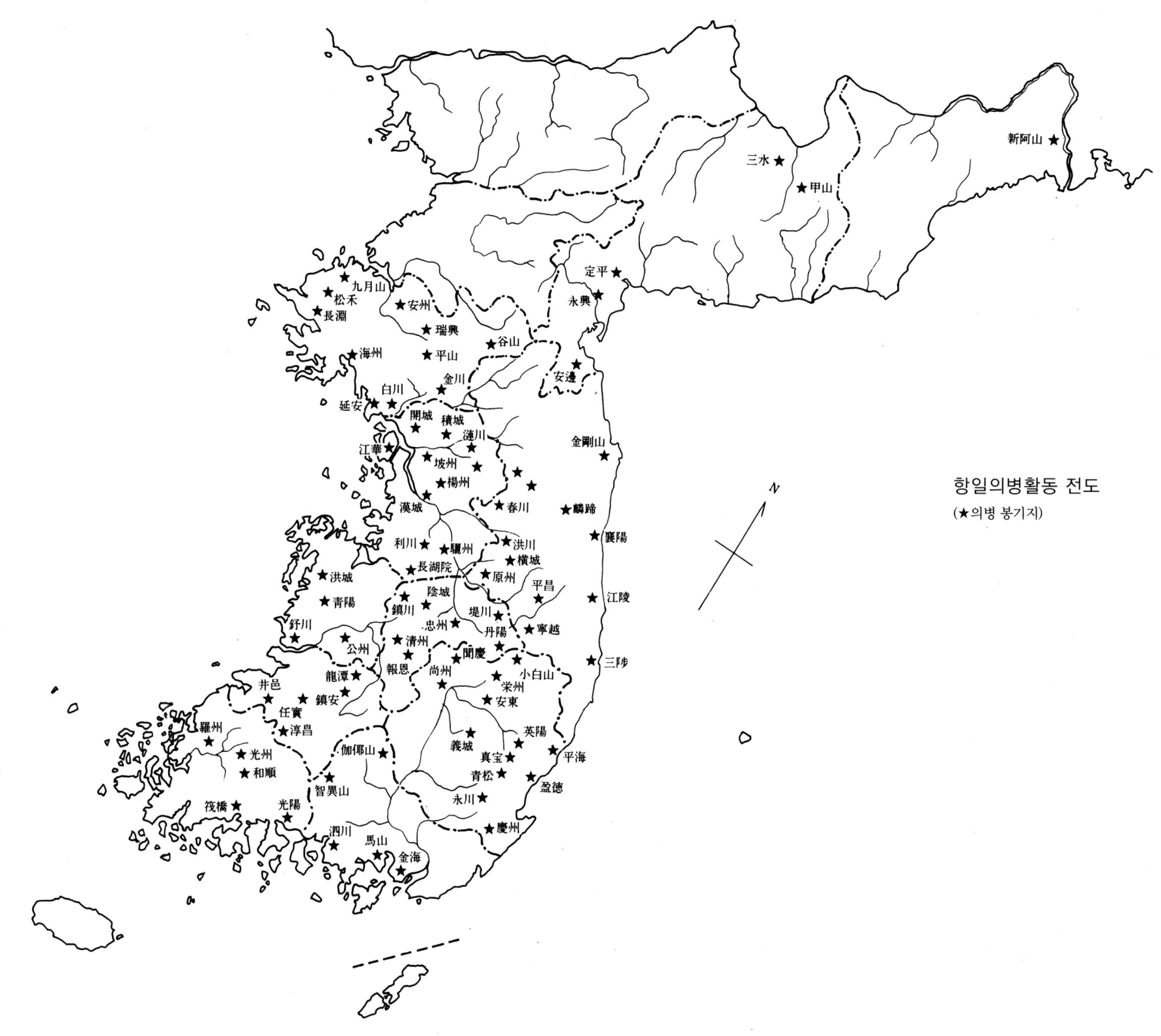

위, 일본군에 의한 애국지사 공개 처형
왼쪽 위, 토지정책에 반대한 농민을 처형하는 일본군
왼쪽 아래, 의병에 맞선 자위단 '보개산탐험대' 앞줄이 일진회 회원, 뒷줄은 일본인

1907년 2월, 미록면의 일본군 항일의병 토벌대

러일전쟁 무렵, 일본 침략에 저항한 조선인은 국사범(정치범)으로서 처형되었다.

효수된 의병

안동(경상북도) 지방검찰청 앞 게시판에 걸어 놓은 사진

왼쪽·아래, 항일의병. 어린 소년도 섞여 있었다.

의병항쟁

의병이란 정규군이 아닌 민중이 만든 게릴라 부대로 국가와 민족의 존망 위기를 두고 투쟁했다. 임진왜란 당시 히데요시의 침략에 가장 분노한 것도 의병이었다. 1895년 청일강화조약의 체결, 명성황후 시해를 계기로 제1차 의병항쟁이 일어났으며, 일시적으로 진정되었으나 1905년 제2차 한일협약(을사보호조약) 조인을 기점으로 더욱 확대되었는데 전국에서 항일투쟁을 하였다.

일제의 이른바 남한대토벌에 맞서 싸우다 체포된 의병장들(1909년). 앞줄 왼쪽부터 송병운, 오성술, 이강산, 모천년, 강무경, 이영준. 둘째 줄 왼쪽부터 황두일, 김원국, 양진여, 심남일, 조규문, 안계홍, 김병철, 강사문, 박사화(영암 등지에서 활동), 나성화(나주에서 활동)

권택(35살). 1909년 9월 24일 자수. 전라남도 장흥에서 활약한 30명의 의병장

양윤숙과 임순호

심남일(39살). 능주에서 활약한 200명의 의병장

강무경(39살). 500명의 의병장, 전남 순천에서 활약

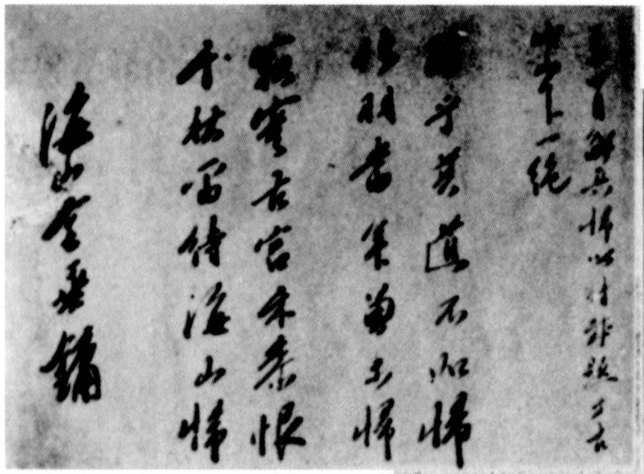

전해산. 전남 영광·나주에서 활약. 500명의 의병장

양상기와 그의 부하들

안계홍. 전라도 머슴 출신의 의병장

박포대(왼쪽)와 김공삼(오른쪽). 법성포에서 활약한 부대, 40명의 의병장

궁지에 몰려 자수한 전남 목포의 의병들(1909년 11월)

'남한폭도대토벌작전'

의병항쟁을 근절시키기 위해 일본군은 새로운 전법을 준비했다. 한정된 지역을 포위하여 샅샅이 탐색하는 것이었다. 1909년 9월 1일부터 전라남도에 보병 2개 연대를 투입하여 해상에서는 수뢰정으로 포위하여 의병장 103명, 의병 4138명을 체포·살해하였다.

왼쪽·오른쪽, 의병들이 사용한 무기

위, 일본군의 항아리를 운반하는 조선 농민
아래, 전라남도 관찰사가 조선인들에게 훈계하는 모습

위, 전라북도 흥덕을 시찰하는 일본군 사령관
아래, 와타나베 사령관과 광주재판소의 직원들, 앞줄에는 체포된 의병장 황두일과 그의 부하들

토벌을 위해 해남의 공세포로 상륙하는 일본군(1909년 가을)

일본군 사령관과 조선의 군수

위, 전라북도 장성의 거목과 일본군 병사
아래, 목포의 일본군 제11함대

위, 전라북도 경찰의 설날 기념사진
아래, 의병 토벌을 위해 순찰에 나선 일본군 사령관 일행

형장으로 호송되고 있는 독립운동 지사들

체포된 채응언
평안북도 의병장으로 신출귀몰하게 일본군 파견대를 공격했다. 1914년 12월 2일 평안남도 경무부와 평양 일본 헌병대 본부에 체포되었다. 그의 체포에는 현상금까지 걸렸었다. 다음 해 11월 4일 사형.

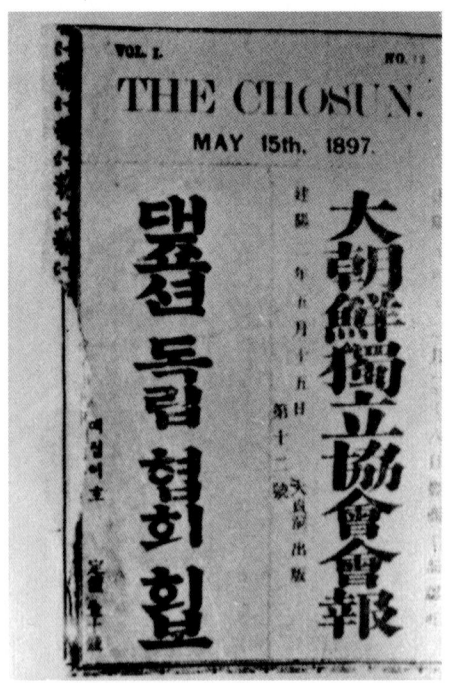

대조선독립협회 회보

『대한매일신보』의 편집실
1905년 11월 제2차 한일협약=을사늑약이 강요되자 『황성신문』은 '오늘을 목 놓아 통곡한다'는 논설로 비판을 했다.
결국 폐간되었으나 영국인 배설의 도움으로 『대한매일신보』로 재창간되었다.

4. 민족 존속의 거점 - 서당·학교

조선의 애국계몽운동의 하나인 교육운동은 대중적인 운동으로 전개되었다. 1910년 '한일병합'의 해에 관공립 학교 81개교, 준공립 65개교에 민중이 자주적으로 설립한 사립학교는 2,250개교, 그중 833개교는 미션계 학교였다.

자주 학교는 국경의 두만강에 인접한 북간도에서 제주도까지 그들 스스로가 창립한 학교였으며, 산간벽지에도 다수의 학교가 개교되어 민족정신을 고양했으며, 동화정책에 대항하는 거점이 되었다. 아이들에게 민족의 역사와 문화를 가르치는 장(場)이 민족부활의 거점이라는 공통된 생각이 있었다. 가난한 마을에서 가장 눈에 띄는 건물은 자주 학교였다. 아이들은 도요토미의 침략군을 격퇴한 이순신 장군, 일본에 문자를 전한 왕인 박사 이야기를 모래가 물을 빨아들이듯 눈동자를 빛내며 받아들였다.

부모들도 이렇게 생기 가득한 학교교육에 투자를 아끼지 않았고, 국외로 나온 사람들 또한 개간지에 학교를 세웠다. 허술한 학교에서도 지극히 질높은 역사와 민족교육이 행해졌으며, 사라져가는 국권과 민족 존망의 위기에 있어서 학교야말로 민족 존속의 유일한 거점이라는 자각이 마을마다 가득했다.

조선이 일본의 식민지가 되기 전 통감부에서는 끊임없이 조선을 비방하였다. '국민이 게으르고 근면하지 못하며 미신을 믿으며' '세계 열강에 뒤쳐져 빈약한 국가에 이르렀다'라며 얼토당토 않은 보고를 토대로 '충군애국(忠君愛國)' 교과서 만들기와 교육제도 개혁을 시작했다.

그러나 일본어만을 가르치는 학교는 노예를 만들기 위한 교육이며 민족문화유산을 잊고 일본 천황을 숭상하는 교육이라며 등을 돌리고 구식의 오래된 서당으로 학생을 보내는 가정이 많았다. 일본식의 보통학교보다 사립 미션계 학교를 선택했다. 국권을 빼앗기고 무력 앞에서 약자였던 조선 민중은 교회를 배경으로 단결을 도모하는 가운데 미션계 학교는 인기가 있었다. 1918년 통계로는 공립보통학교 수와 학생수는 점증적으로 늘어나고 있었지만 서당의 증가율은 훨씬 높아서 약 24,000개의 서당에 26만 명의 아동이 다녔다. 이것을 금지시키기 위해 '사립학교령'과 '사립학교규칙'(1911년) '서당규칙'(1919년)이 제정되었다.

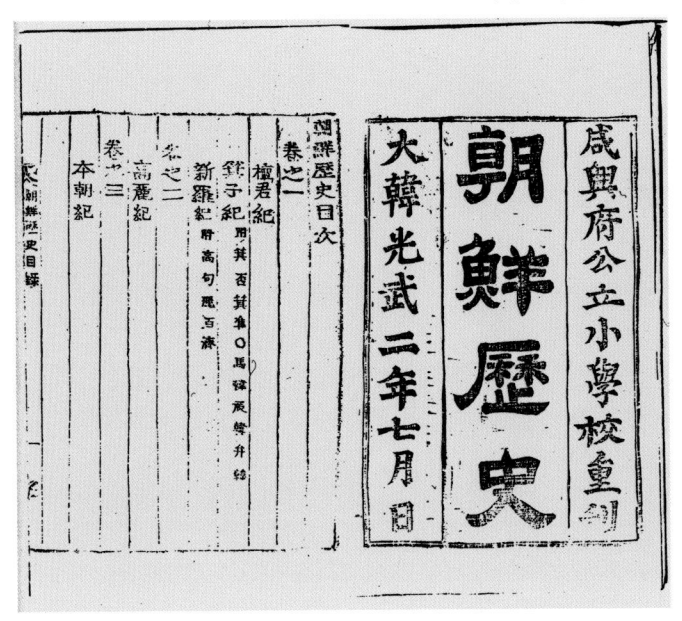

역사 교과서(1898년)

프랑스인 선교사에 의한 아동교육(1900년경)

서당의 교육 풍경(1905년경)

서당(위, 아래, 오른쪽 위)

수업 중인 보통학교 여학생들

수업 중인 보통학교 학생들(1910년경)

위, 일본인 보통학교장회, 문관대검제로 교사들도 대검을 차고 있었다.
아래, 1909년 통감부 인사과 직원 일동

5. 조선 농촌과 일본인 지주화

조선의 식민지 경제로의 재편성은 급속도로 진행되었다. 철도 부설을 서둘렀으며, 경부선·마산선 완성, 경의선 철도는 기공 후 불과 수개월 만에 완성했다. 이렇게 하여 조선의 주된 철도를 장악했지만, 조선 농민이 철도·전신을 파괴하고 토지 수용에 맞서자 일본군은 사형이라는 극단적인 수단까지 동원해 이를 막았다.

일본인에 의한 토지소유 합법화는 1906년 공포한 '토지가옥증명규칙'(1907년), '토지가옥증명소유권증명규칙'(1908년) 등 갖가지 악법에 따라 이루어졌다. 일본인에 의한 토지 소유는 급속도로 진행되어 1910년에는 지주수 2,254명, 7만 931정보(전답 포함)에 달했다. 또한 영국의 동인도회사와 같이 조선의 토지와 자원을 수탈할 목적으로 설립한 동양척식주식회사는 국책회사로 조선 정부로부터 현물출자로서 제공받은 국유지 1만 1,000정보의 대토지 소유자가 되었다.

조선에 파견된 지질조사단에 의해 조선 농지가 일본 농지의 중간 정도인 것이 확인되자 "조선으로 가자, 조선에 가자, 조선은 외국이 아니라 미개척의 곡창지대"라며 일본인들이 대거 현해탄을 건너왔다.

그들은 북조선의 두만강·압록강·대동강이 동절기엔 결빙되어 사람과 말이 왕래하기 쉽고 하절기엔 기온이 높아서 작물 재배에 적절하다고 선동했다. 또한 남부의 곡창지대가 기후가 온난하고 일본처럼 강수량이 많은 점을 알아내고 약탈의 초점을 맞췄다. 일본인들은 경사지가 많은 점을 이용해 뽕을 재배하는 양잠 계획도 세웠다.

조선의 농지를 전국적으로 시찰하고 카메라에 담은 조사단은 조선농업진흥책을 강구할 시대가 왔다며 일본인이 조선의 지주가 되어 모범적인 농법을 제시해야 한다고 선동했다.

1910년 '한일병합' 이전에도 1905년부터 2년에 걸쳐 일본인 지주가 대거 등장했다. 조선에 먼저 와 있던 상인들은 대규모의 토지를 손에 넣었으며, 대지주가 된 사람은 고리대금업을 했다. "1909년에 30정보 이상의 토지(경지 이외를 포함)를 가진 일본인 지주 135명 중 8할에 해당하는 109명이 1904-1907년, 4년 동안 조선에 진출하여 지주가 되었다"(야스다 쿄지, 「일본의 조선 토지지배 실태와 저항운동」 『역사공론』 통권 57).

일본인의 조선의 토지소유권은 토지 약탈이며, 상인들도 완전히 장악한 사법·경찰권에 힘입어 보안법 등 치안 입법의 보호를 받아가며 승승장구했다.

농민들의 야유회(1905년)

전라북도 전주의 시장(1890년대)

서울 독립문 밖 무악재(1890년대)

전라남도 광주 서창의 여관

농촌의 여관(1905년 5월경)

전라남도 해남군 북창의 여관

농촌의 아이들

위·오른쪽, 낙동강을 건너는 배(1905년경)

농가(평안북도)

대동문에서 바라본 연광정

평양 대동강

평양 기자묘

평양 칠성문

위, 평양 근교의 농경
아래, 화전밭을 갈며 팥을 파종하는 화전민(평안북도 창성)

위, 방아(평안북도 초산군)
아래, 마차(평안북도 운산)

논에 물을 대고 있는 농부

위, 경상북도 상주의 가난한 아이들
아래, 금강 부근의 일본인 경작지

6. 북간도-통감부 간도 임시파출소
(1906-1909년)

조선독립운동 관련 지도

출전: 강덕상 저, 『조선독립운동의 군상』

간도의 파출소

간도는 두만강 해안 가까이에 있는 섬으로 일찍부터 조선인이 이주해서 경작한 비옥한 땅이었으며 비료 없이도 농사를 지을 수 있는 토지였다. 남쪽으로 백두산을 중심으로 한 장백산맥이, 남동쪽으로는 태백산맥이 연결되어 있으며 대부분 삼림지대이며 그 중간에 중앙평원이 펼쳐져 있었다.

간도는 동쪽은 러시아 연해주 남쪽에, 서쪽은 길림성에 접해 있고 남쪽은 두만강을 끼고 함경북도를 마주하고 있었다. 조선 말기부터 이주한 조선인 농민의 수는 계속 늘어났고, 주로 산동성에서 온 중국인의 잡거지대도 있었다.

청일·러일전쟁 이후 일본은 청국, 조선의 경계에 있는 간도에 주목했다. 러일전쟁 여순공위군 국제법 고문으로서 종군한 시노다 지사쿠(후에 경성제국대학 총장)은 도쿄에서 조선주재군사령부의 사이토 중령(여순공위군 참모, 여순함락 후 여순군정관)의 방문을 받고 간도 진출 계획을 도모했다. 조선과 청국 사이 십수 년 동안 현안이었던 간도는 풍부한 광물의 보고이며 개간이 가능한 비옥한 땅이었다. 한국에서 외교권을 위임받은 일본 정부가 공식상으로는 청국 관헌의 횡포와 마적으로부터 거주 조선인을 보호하기 위한다는 명분 아래 헌병·경찰을 파견하게 되었으므로 국제법에 따라 시노다를 파견하게 된 것이다.

시노다 지사쿠는 총무과장이 되어 사이토 중령을 책임자로 추천했다. 시노다는 간도 문제를 역사적 법률적으로 연구, 청국과 절충하고 동시에 역사적 연구에 스즈키 신타로, 지질 광산 조사에 오가와 타쿠지(교토대 명예교수), 산업 조사에 하시다 요시히라, 사카이노 헌병 중령은 한국인 순사들을 이끌고 주민 보호와 일반 경찰 담당으로서 1908년 4월 서울을 출발, 부산에서 육군 어용선에 승선, 6일째 되는 날 청진에 상륙한 다음 트럭을 타고 회령에 도착, 18일 두만강을 건너서 간도로 들어갔다.(시노다 지사쿠 저, 『백두산정계비』)

국제법적으로 간도를 연구한 시노다는 이 땅을 '한청 양국의 어느 쪽에도 속하지 않는 무인의 중립지대'라는 결론을 제멋대로 내렸다. 8월에는 용정에 파출소를 설치, 무기로 위협하고 회유하여 간도의 조선인을 관할에 두었다. 조선인 가운데 덕망이 있는 사람을 촌장으로 임명하고 '간도한국신민심득'을 발표했다. 그 내용은 제1조에 통감부 임시파출소를 보호할 것, 제4조 마을에서 부랑인 혹은 거동이 수상한 자가 배회할 때는 헌병에게 보고할 것, 제6조, 허가 없이 많은 사람이 모여 집회를 열지 말 것 등이었다.

파출소가 설치되자 '서전서숙'은 곧바로 해체되었다. 이 학교는 네덜란드 수도 헤이그에 파견된 밀사 이상설이 세운 것이었다. 해체 조치로 '파출소 진의를 이해하지 못하는 자'나 일본군이 만든 친일단체 일진회를 혐오하는 사람들은 '연의회(演義會)'를 조직하여 대항했다. 그들이 반일독립운동가 이범윤과 뜻을 함께하자 일본군은 긴장했다.

시베리아 연해주에서 활약하고 있던 이범윤의 움직임에 신경을 쓰던 일본군은 여행자 취조와 야간 감시를 엄중히 하여 8킬로미터 이내 마을을 10호 단위로 나누어 경계조합을 만들어 각 촌락을 순찰했다. 이것은 식민지 지대 국경 경비로 연결되었다. 특히 '폭도'로 보이는 자, 혹은 거처를 밀고한 자에게는 큰 액수의 상금을 주었다.

1909년 9월 4일, '간도에 관한 청일협약'에 의해 동년 11월에 파출소를 폐쇄하고 철수했다.

왼쪽, 파출소 설치 당시 가설 사무소 앞에 선 사이토 소장
아래, 파출소 직원

위, 서부 간도로 간 스즈키 조사단 일행(1908년 5월 31일)
아래, 간도 클럽 내에서 당구를 치는 파출소 직원

위, 전화 가설 중인 경찰
아래, 북강위자구(北崗葦子溝)의 조사단 일행

1908년 간도 보통학교 개교식

수업중인 북간도의 보통학교

1908년 일본 국왕의 생일축일인 천장절 축하회에 강제로 모인 간도 사립학교 학생과 학부모들

서부 간도의 조선인 서당

서전서숙

서전서숙

1907년 6월 네덜란드 헤이그의 '만국평화회의'에 밀사로 파견되었던 이상설은 북간도의 근대교육 창시자이며 많은 인재를 육성했다. 이상설이 헤이그로 출발하고 나서 일본은 이곳을 폐쇄하려고 회유책을 제시하였으나 서전서숙은 이를 거절했다. 통감부 파출소는 항일교육의 근절을 위해 간도보통학교를 세웠다. 이 보통학교는 '정치적 사상의 유입을 예방하기 위해 한국학부의 사립학교 규제'를 했다. 하지만 조선 민족의 서당과 미선계 사립학교가 보통학교보다 훨씬 더 많았다.

서부 간도 고동하의 조선인과 일본 경찰

서부 간도에서 강을 건너는 스즈키 조사단 일행

함경북도 회령군 조제암

서부 간도 고동하의 어부

서부 간도의 작업장

훈춘

동남쪽으로 소련, 서남쪽으로 두만강을 끼고 조선에 접해 있는 교통의 요지. 산림, 지하자원이 풍부하여 조선족, 만주족, 한족, 회족 등이 모여 사는 다민족 사회이다. '추수투쟁' '춘황투쟁' 항일운동의 일대 거점지였다. 위쪽 2장의 사진은 모두 현대의 훈춘이며, 아래쪽 사진 2장은 1908년 당시의 훈춘 시가지 모습이다.

훈춘 시가(1986년)
아래, 1908년의 훈춘 시가

훈춘 시가(1986년)
아래, 1908년의 훈춘 시가

두만강을 건너는 나룻배

북간도의 기마경비대

백두산 천지

중국인 중농의 가옥

경작 중인 중국인

조선인의 농기구

연자방아

부속 모범농원의 모내기

육도구하반(六道溝河畔)의 물레방아

조선인 농가

위, 용정 국자가(局子街)의 중국인 거리
오른쪽, 1712년 청국의 요구로 세워진 백두산정계비 앞에 선 일본인 등반대(1909년 5월)

북간도 용정시의 우마시장(1907년)

용정 시가(1986년)

용정의 민족박물관(1986년)

용정 시가(1907년)

1909년 9월 동비사가(銅沸寺街). 중국인들의 풍년을 축하하는 연극회장

널뛰기 중인 북간도의 조선인 아이들

파출소 철수 전 통감부 파출소에 러시아·청국관리들을 초대해 기념촬영을 했다.(1909년 10월 26일)
아래, 1909년 9월 4일에 조인된 '간도에 관한 청일협약'에 의해 파출소 직원과 헌병대가 간도에서 철수하고 있다.

7. 이토 히로부미를 쓰러뜨린 안중근 의사

1909년 10월 26일 '만주' 하얼빈 역에 도착한
이토 히로부미

통감 시절 한복을 입고 친일파 이지용(오른쪽)과 기념촬영한 이토 히로부미(가운데)

1909년 10월 26일 오전 9시 반, 구 만주 하얼빈 역에 내린 초대 조선 통감이었던 이토 히로부미가 민족독립운동가이며 의병군 참모중장인 안중근에 의해 저격당했다. 이토 히로부미가 러시아 제일의 실력자 코코프체프와 회담하기 위해 하얼빈에 방문하여 제1차 회견을 하얼빈 역에 도착한 열차 안에서 마친 직후의 일이었다.

안중근은 권총으로 민족의 적 이토 히로부미를 살해하고 '코레아 우레(대한 만세)'라며 삼창 후 체포되어 러시아 화차로 연행되었다.

프랑스어, 러시아어에 능하여 통역으로 동행한 만주 철도국 이사 다나카 세이타로도 안중근이 쏜 총에 맞아 중상을 입었다. 총에 맞은 것을 눈치 채지 못하고 뒤돌아본 다나카 세이타로는 안중근에 대해 이렇게 증언하고 있다.

"그때 달려온 헌병과 경찰에게 총알이 한 발 남아 있다고 주의를 주는 안중근의 늠름한 모습과 당당한 언행은 고매한 인격을 그대로 드러내고 있었다"라며 안중근의 당당함에 감탄했다.

이것은 오노다 시멘트 회장 안도 토요로쿠가 '가장 존경하는 사람, 신뢰하는 대선배 다나카 세이타로'에게 직접 들은 이야기다. (안도 토요로쿠 저, 『재계인 쇼와사, 한국 우리 마음의 고향』)

만주 철도국 조사부를 창설한 지식인 다나카 세이타로에게 안도가 이렇게 물었다. "당신이 지금까지 만난 세상 사람들 중에서, 일본인을 포함하여 누가 가장 훌륭하다고 생각하십니까"라고. 그러자 다나카는 일언지하에 "그것은 안중근이다"라고 단언했다. "유감스럽긴 하지만"이라는 한마디만 덧붙였다.

안중근은 1897년 북한의 해주에서 출생했으며, 고매한 가정환경에서 성장했다. 아버지 안태훈은 과거시험에 합격한 수재였으나 조선 근대화의 갑신정변이 좌절되자 귀향했다. 안중근은 사립학교에서 교육을 받고 17살 때 선교사인 프랑스 신부에게 세례를 받았다. 러일 전쟁이 시작되자 시베리아와 중국 동북부에 있는 동포들의 교육에 힘을 썼으며 의병으로 활동하기도 했다.

시베리아에서 의병을 일으킨 김두성, 이범윤 대장의 추천으로 참모중장 요직을 맡은 안중근은 두만강 국경의 전투에서 체포된 일본 병사를 심문한 후 그들을 전원 석방시킨 적이 있다.

"자네들은 모두 일본의 신민인데, 왜 천황의 성지를 지키려고 하지 않는가. 러시아와 싸웠을 때 선전의 칙어에는 동양의 평화를 유지하고, 한국의 독립을 말했으나 오늘날엔 침략을 마음대로 하면서 평화·독립이란 말을 할 수 있는가. 역적 강도짓이다"라고 안중근이 훈계하자 일본 농민 출신의 병사들은 "이런 일이 생긴 것은 모두 이토 히로부미의 잘못된 정책이며 권력을 가지고 한일 양국의 귀중한 목숨을 살해했다. 우리들도 분개하고 있다. 어떻게 할 수도 없이 변경까지 왔다. 백성이 지쳐 있는데 동양의 평화는커녕, 일본의 안녕조차 바랄 수 없다"고 대답했다. 안중근은 그들을 석방했다. 일본인 포로가 포를 가지고 돌아가지 않으면 군율에 저촉된다고 애걸하자 무기조차 가지고 돌아가게 했다.

안중근 의사는 10월 30일 하얼빈 일본영사관에서 제1회 신문에서 이토 저격 이유를 15가지 항목으로 정리하여 당당하게 말했다. 테러리스트가 아닌 의병 참모중장으로서 싸웠기에 일본인에 의한 재판을 받을 이유가 없으며 국제법에 의한 재판을 받아야 한다고 주장했다. '개인을 위한 살해'가 아닌 '조국의 독립과 동양의 평화'를 위한 행위였다고 말한 11회 공판에서의 진술은 법정의 많은 사람들에게 깊은 감동을 주었다. 다음에 소개하는 것은 제3회 공판에서 안중근 의사가 진술한 내용의 일부이다.

"무릇 벌레 한 마리라도 자신의 생명과 재산의 안정을 도모하지 않는 것은 없다. 무릇 인간이란 살기 위해 열심히 노력을 해야 한다고 생각한다. 통감의 행동은 입으로는 평화를 위한다고 하지만, 실제로는 그 반대였다. … 통감으로서 한국에 온 이후 한국 인민을 죽이고, 이전 황제를 폐위시키고, 현 황제에게는 자신의 부하처럼 압제했으며 인민을 파리 목숨처럼 죽였다."

여순법정에서 안중근 의사가 마지막으로 진술한 논리는 현재까지도 신선하다. "한일조약은 이토 히로부미의 무력에 의해 강제되었으므로 만국 공법에서는 무효이며, 민족·국가의 존망 위기에 즈음하여 수수방관하는 것은 국민 된 자로서 도리가 아니다. 그래서 일본군과 싸워 죽은 한국인은 10만이 넘었다. 모두 이토 히로부미 때문에 학살된 것으로, 심한 사람은 머리를 노끈으로 매달아 놓는 등 사회를 위협하였고 잔학무도하게 죽였다. 이러한 사실 때문에 장교도 적지 않게 전사했다. 이토의 정책이 이와 같이 한 명을 죽이면 열 명, 열 명을 죽이면 백 명의 의병이 일어나는 상황이 되어 시정방침을 개선하지 않으면 한국의 보호는 안 되는 동시에, 한일 간의 전쟁은 영원히 끊이지 않을 것이다."(나카노 야스오, 『한일관계의 현상』)

사형 집행 이틀 전 동생들과 가진 면회에서 "슬퍼하지 말라, 조국과 민족을 위해 모든 것을 바쳤는데 무엇을 슬퍼한단 말인가"라고 의연하게 말했다.

안중근 의사는 이토를 사살한 지 5개월 만인 1910년 3월 26일 오전 10시, 여순 교외에서 처형 순국했다. 안중근의 동지 우덕순은 징역 3년, 조도선과 유동하는 1년 3개월의 형을 선고받았다.

이토 히로부미의 시체는 요코스카로 옮겨 왔다. 성대한 장례식 행렬에 모인 사람들은 "조선의 대은인인 이토를 암살한 안중근은 극악무도하며, 은혜를 원수로 갚은 행위"라고 국민적 대합창을 했다.

안중근 의사의 시신은 고국으로 돌아오지 못하고 아직 여순 교외에 잠든 채 있다. 그의 '사생취의(捨生取義)' 사상은 조선·중국·일본 기타 다른 곳에 있던 민족 독립운동가들에게 큰 영향을 미쳤다.

옥중의 안중근

오른쪽 위, 이토 히로부미의 시신을 싣고 요코스카 항 앞바다에 도착한 함선
오른쪽 아래, 함선으로부터 이토의 시신을 인수받은 배가 부두에 접안하고 있다.

순국 2주 전에 면회 온 동생 정근과 공근을 만나고 있는 안중근 의사. 그는 이 자리에서 천국에 가서도 국권 회복을 위해 힘쓰겠다고 했다.

여순 법정에서 재판을 받고 있는 안중근 의사와 동지 우덕순·조도선·유동하 제씨(1910년 2월)

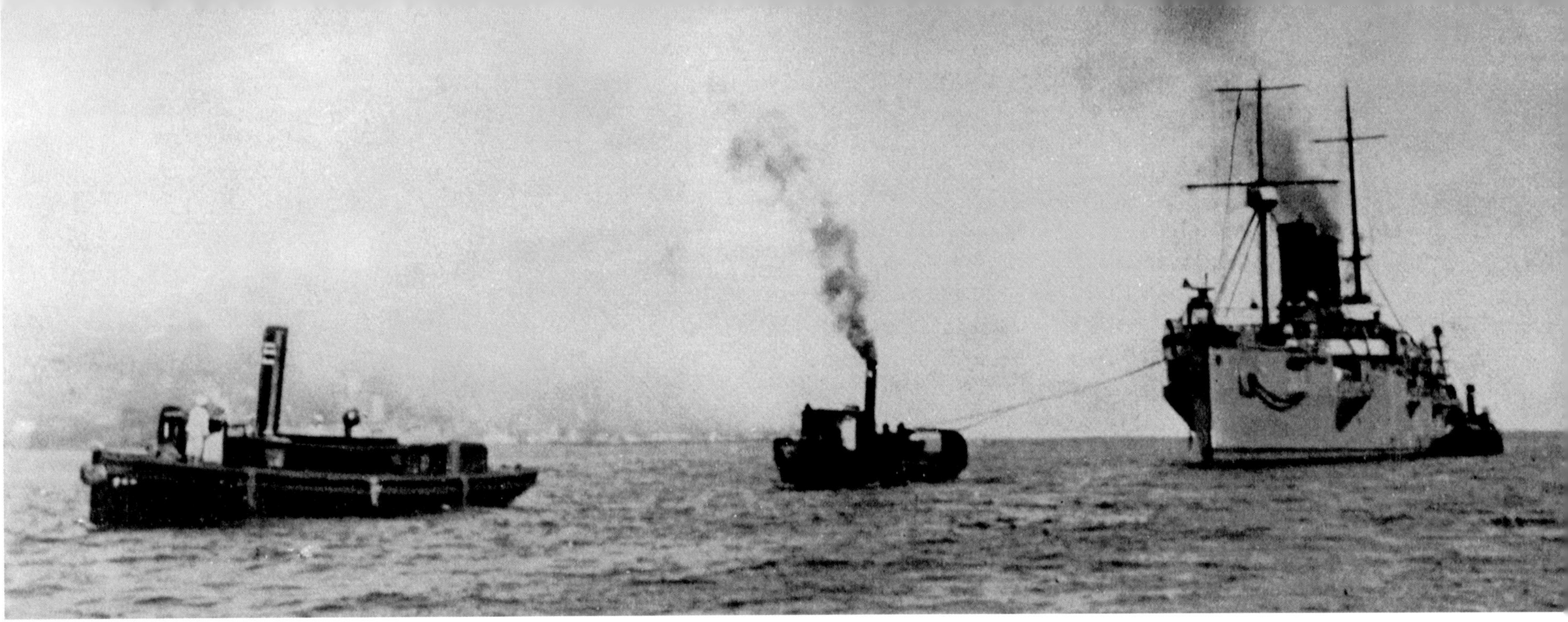

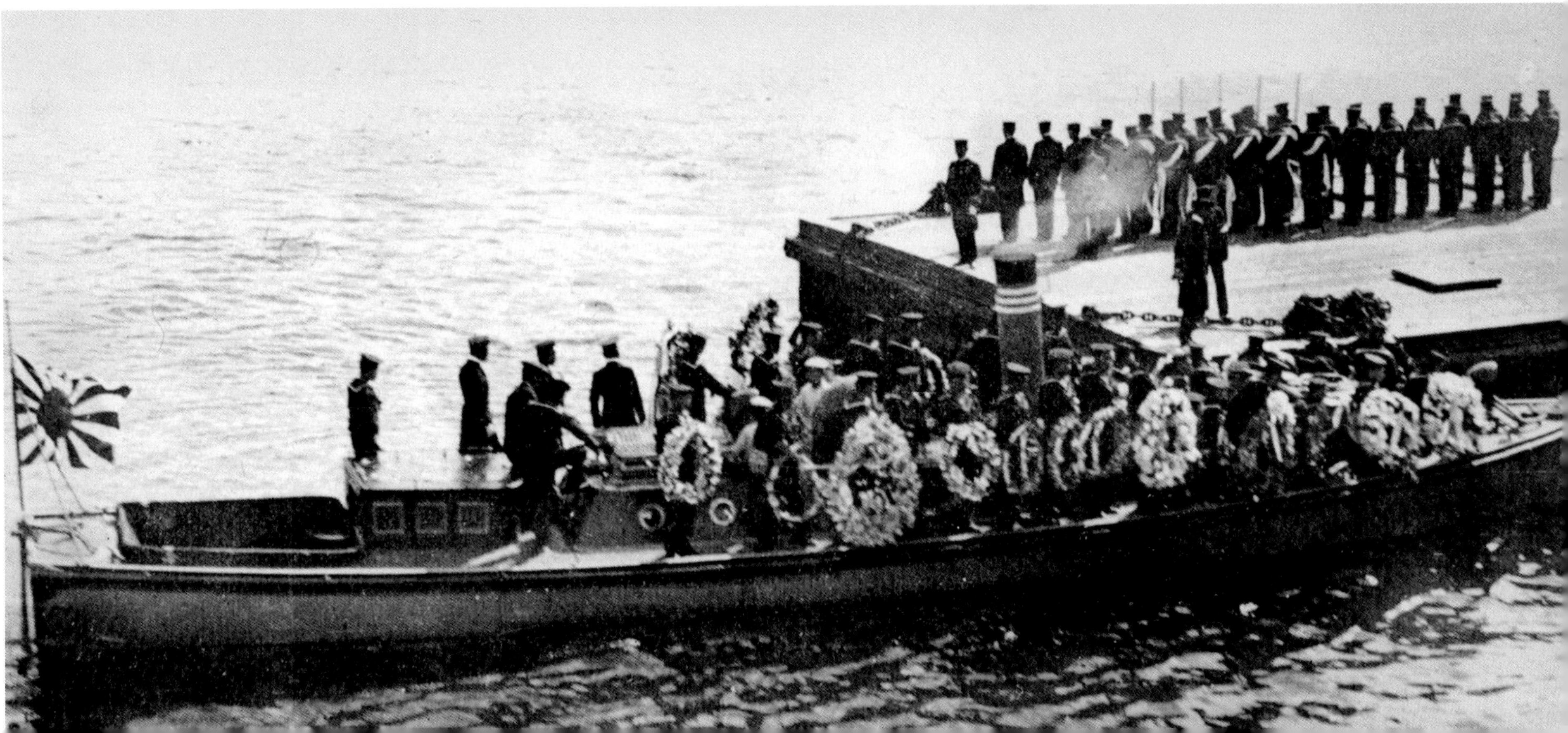

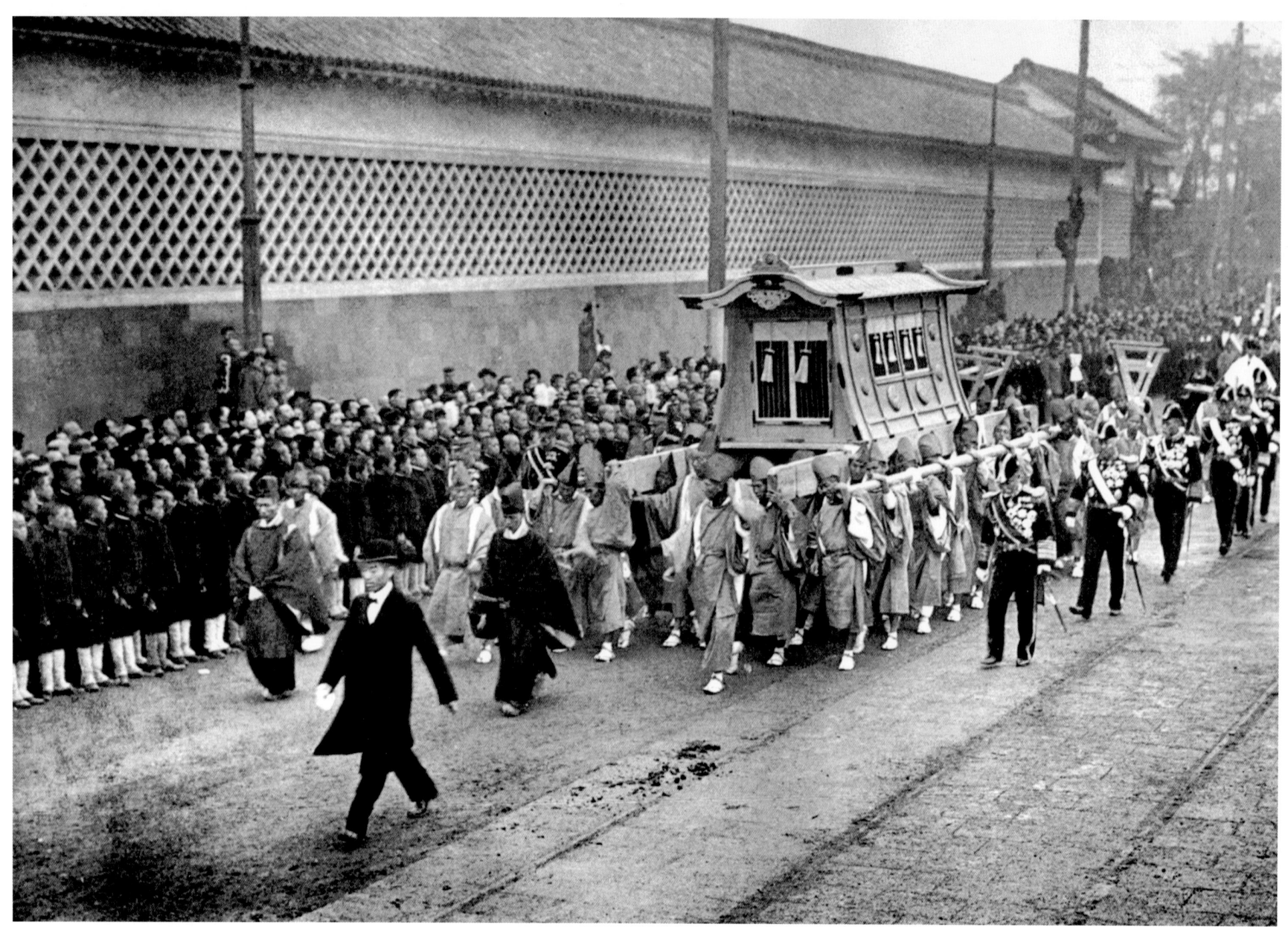

도쿄 가스미가세키 부근을 지나가는 이토 히로부미의 장례 행렬

8. 한일병합

서울로 부임하는 데라우치 통감

1906년부터 5년간 조선의 모든 정치·경제의 권리는 일본인 손으로 넘어갔다. 개통한 서울, 부산간 철도, 부산에서 마산, 조선 종단철도를 비롯해 전신·전보 전 기관은 독점되고, 교육·금융·도로·수도의 주도권을 일본이 장악했다.

또한 네덜란드의 동인도회사를 본뜬 동양척식주식회사는 조선인의 토지를 빼앗기 위한 기관이었다. 전국에 항일의병 '토벌' 작전이 고비를 넘겼다고 판단한 일본 정부는 1909년 7월 6일, 조선 병합을 위한 각의 결정을 내리고 천황이 이를 승인했다. 각의 결정의 원안을 작성한 외무성 정무국장 구라치 데쓰키치는 조선 식민지화 문서 작성에 고심했던 것을 이렇게 술회하고 있다. 식민지화를 정당화하는 "조선이 완전히 폐멸로 돌아가서 제국 영토의 일부가 되는 뜻을 분명히 함과 동시에 그 어조가 별로 과격하지 않은 문자에 고심한 끝에 병합이란 문자를 쓰게 되었다"라고 적고 있다.

회사와 회사가 법률에 의하여 합법적으로 합병한 것처럼 보이기 위해 '병합'이라는 문자를 만들어낸 능력은 일본 외무성이 잘하는 재주 중의 하나가 되었다. 이러한 말의 치환을 유럽에서는 유피미즘(euphemism), 즉 완곡어법이라고 가토 슈이치는 설명하였다. 제2차 세계대전 후 패전을 종전이라는 식으로 바꾸어 말하는 능력은 일본인 특유의 수완이다.

1909년 9월, 일본 정부에 의한 잔혹한 전남 의병토벌 작전이 종료되자 12월 4일 이용구 등 친일세력인 일진회 회원들에게 '병합 발족' 성명을 발표하게 했다.

다음 해 5월에는 일본군을 서울에 집결시켜 각 성문, 왕궁을 엄중히 경비하게 하고 서울에는 헌병군을 집결시켰다.

구라치 데쓰키치의 각서에는 "조선에는 헌법을 시행하지 않고 천황에 의해 통치한다. 조선 총독은 천황에 직속되며 정무를 결정할 권한을 가지며 법률에 관한 명령을 발하며, 명령은 다른 법령처럼 적당한 명칭을 만들 것"이라는 내용이 기록되어 있다.

1910년 8월 22일 밤, '한일병합' 조인. 조인실의 데라우치 통감은 "고바야가와(小早川), 고니시(小西), 가토(加藤)가/이 세상에 있다면/오늘밤 저 달을 어떤 마음으로 바라보았을꼬?"라고 읊었다. 도요토미 히데요시가 이루지 못했던 '조선 정복'을 이뤄냈다는 자만의 시다. 그러나 '병합'은 비밀에 부쳐지고 일주일 후인 8월 29일에야 발표되었다.

'병합'은 조선의 황제가 일본에 '병합'되길 원했으며

철도 부설을 격려 중인 데라우치 총독 일행

일진회 조선인들이 '병합'되길 희망하여 일본 천황이 받아들인 형식으로 정리되었다.

사실은 어떤가. '데라우치는 군대에 명하길 현재 수비대는 전력을 다해 경계'를 엄중히 하라, 그러나 '인민이 정치적 변화를 느끼지 못하도록 신중히 행동'하도록 지시하고 있다.(야마베 켄타로 저, 『한일병합소사』 이와나미 서점)

전국에서 모인 군대는 게릴라 토벌 명목으로 용산에 집결하여 "한밤중에 큰길을 피해 왔다. 8월 이후에는 저녁식사 후 영외 산책을 금했고, 마침내는 외출을 금지시켜서 조선 민중을 자극하지 않게 했다. 일본 헌병은 서울 시민 두 명이 모여서 이야기를 해도 신문을 받았다."(야마베 켄타로, 앞의 책)

청일전쟁 전후부터 히데요시의 조선 침략을 일본 국위를 해외에 선양했다며 국민적 영웅으로 떠받드는 풍조가 강해졌다. 히데요시는 영웅으로서 각광을 받았다. 히데요시는 에도 시대에는 일관되게 비판을 받아 왔는데 근대 일본이 국민적 영웅으로 만든 것이다.

제3대 통감 데라우치 마사타케가 초대 총독이 되어 정치결사를 해산시키고 모든 정치집회, 연설회를 금지시켰으며, 반일신문인 『대한매일신보』를 매수하여 개편한 뒤 조선총독부의 어용신문 『경성일보』 자매지로 만들었다. 일본에서 발행된 신문조차 총독부에 대한 비판기사가 실리면 반입 금지처분을 내렸다.

데라우치 마사타케의 총독시대(1910-1916년) 6년간과 하세가와 요시미치(1916년 10월-1919년 6월)의 3년간 합계 9년간을 무단정치의 기간으로 부른다.

헌병·경찰제도

조선 총독 데라우치 마사타케와 초대 경무총장겸 조선 국주재헌병대사령관인 아카시 모토지로에 의해 만들어진 헌병·경찰제도는 앞으로 소개할 사진이 보여주고 있듯이 조선인의 일상생활을 속속들이 감시했다.

조선 총독은 반드시 육해군 대장 가운데 선출하였으며 입법·행정·사법 권력을 잡은 총독 산하로는 조선일본군헌병사령관이 경무총장을 겸임, 각도의 헌병대장도 경무부장을 겸한 헌병장교가 경시(警視)로 임명되었다. 전국에 1,624개의 헌병·경찰기관에는 1만 6,300명의 헌병·탐정·순사를 배치했다.

그들 헌병의 직무는 군사와 보통경찰 이외에 첫번째 첩보 수집, 두 번째 의병대 토벌, 세 번째 장교·하사(경시·경부)의 검사사무대리, 네 번째 범죄의 즉결, 다섯 번째 민사소송 조정, 여섯 번째 집달리의 업무, 일곱 번째 국경 세관의 업무, 여덟 번째 산림 감시 등 다방면에 걸쳐서 권한을 가지고 있었다. 마을에 배치된 헌병의 개인적인 판단으로 '질서'를 유지하고, 정보를 수집하기 위해 헌병파견소가 모집한 조선인을 헌병보조원으로서 채용했다.(고모리 토쿠지, 『아카시 모토지로』)

1910년 12월, 범죄즉결령에 의해 행정관에 의한 형벌이 일반화되었다.

1911년 8월, 제1차 교육령에 의해 일본교육칙어에 의한 교육을 시작하여 교단에 선 일본인 교사는 허리에 칼을 찬 채 수업을 했다.

'병합' 이전부터 민족교육을 하는 사립학교가 생겨났으나 사립학교에 대한 제재는 강화되었다. 교육 기회를 주지 않고 순종적인 식민지 인간을 만들려고 했던 것이다. 후에 설립된 경성제국대학의 조선인 학생 입학도 극히 소수로 제한하고 문과계보다 이과계로 보냈다. 총독부 지휘 하에 생산력을 높이는 기술자와 하급 관리를 양성했다.

그러나 민족교육운동의 불꽃은 결코 꺼지지 않았다. 애국계몽운동의 중심이었던 황해도 안악에서는 교육운동을 하던 비밀결사 신민회가 초등학교 졸업생들이 진학할 양산중학교를 설립하였고, 민족산업의 모델 공장으로서 방적공장과 연초공장 건설에 착수했다. 1910년 12월 일본의 관헌은 안중근의 사촌 안명근의 독립운

영추문(迎秋門)

동에 자금을 도와주었다는 구실로 김구 등 160여 명을 검거하였으며, 18명에게 '내란미수죄', 안명근에게 무기형이라는 중죄를 내렸다(강재언, 『조선근대사』).

1910년 12월, 데라우치 총독이 평안북도를 순찰했을 때 독립운동을 근절하기 위해 '데라우치 암살사건'을 확대·조작하여 600여 명이나 검거하여 105명에게 630년 형이라는 형벌을 내렸다. '105인사건'에는 기독교 신자가 많았다. 사망자 4명, 발광자가 3명이 나올 정도로 고문은 가혹했다. 이 사건은 선교사들에 의해 외국으로 전해지게 되었다.

조선에서 토지를 빼앗는 정책이 '토지조사사업'을 통해 농민들의 토지는 전부 몰수당하고 소유권은 일본인과 조선인 지주들이 독점하게 되었다. 3퍼센트의 지주가 경작지의 50퍼센트 이상을 소유하게 되었다.

일제의 헌병·경찰 배치도(1910년)

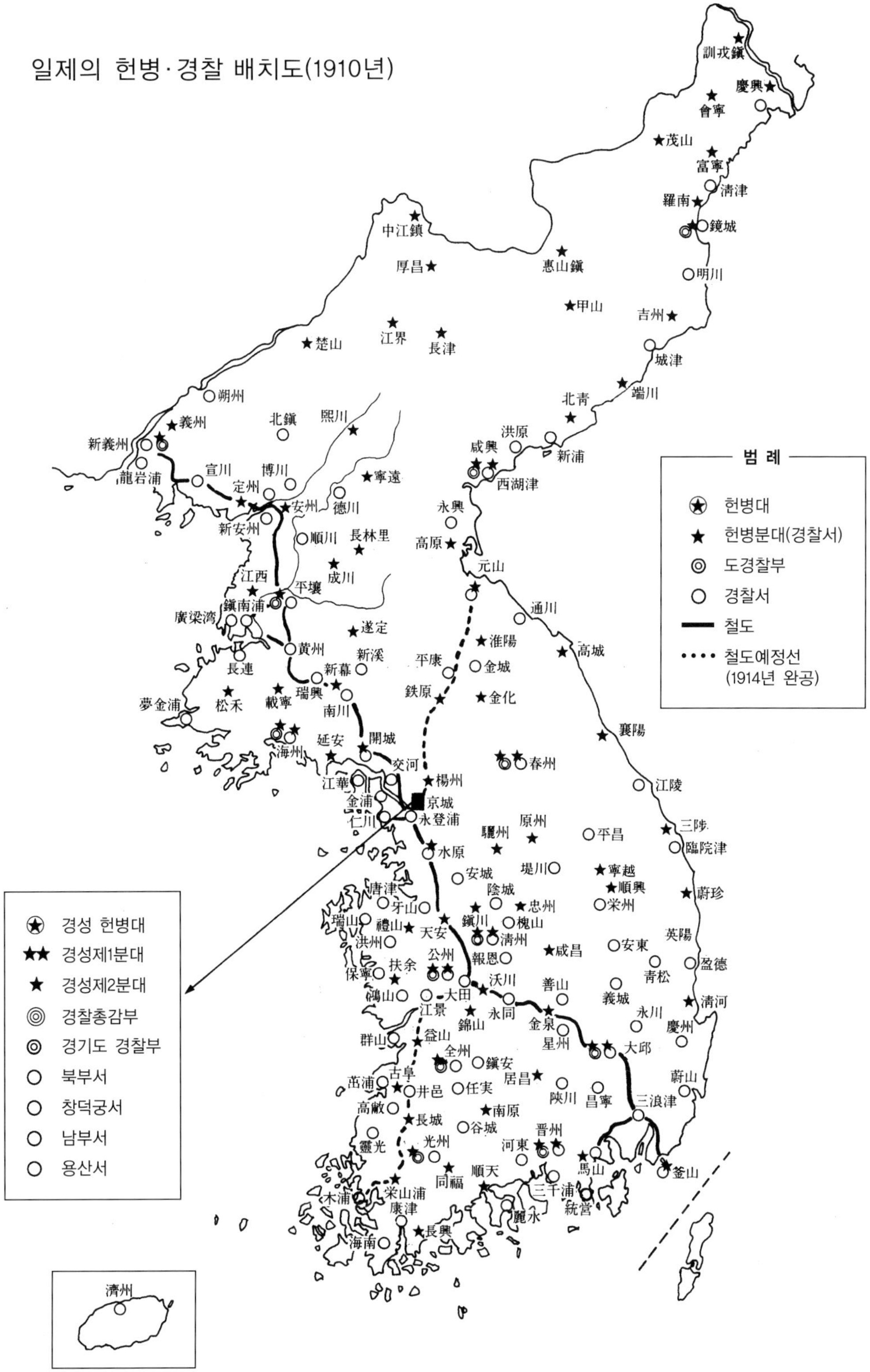

범례
- ⊛ 헌병대
- ★ 헌병분대(경찰서)
- ◎ 도경찰부
- ○ 경찰서
- ── 철도
- ···· 철도예정선 (1914년 완공)

- ⊛ 경성 헌병대
- ★★ 경성제1분대
- ★ 경성제2분대
- ◎ 경찰총감부
- ◎ 경기도 경찰부
- ○ 북부서
- ○ 창덕궁서
- ○ 남부서
- ○ 용산서

오른쪽, 이왕세자 전하와 각 대신
아래, 통감부 수뇌진

조선 헌병경찰의 창시자 경무총장 아카시 모토지로
조선인 독립운동의 전통과 힘을 꿰뚫고 있던 그는 경찰권까지 완전 장악했을 뿐만 아니라 군인인 헌병에게 그 지휘권을 넘겨 헌병경찰제로 조선 전국을 감시했다.

왼쪽 위, 철도 부설을 위해 토지측량에 나서는 일본인 일행
왼쪽 아래, 조약 조인실에 서 있는 데라우치 통감

위, 서울에 설치한 조선주재군사령부(1906년). 아래, 서울의 제1헌병분대원

위, 서울 헌병대 본부와 경기도 경무부원 일동. 아래, 서울 동대문경찰서

서울의 제2헌병분대(1911년 1월)

친일 내각 대신과 중추원 의장(1910년)

내무대신 박제순

내각 총리대신 이완용

중추원 의장 김윤식

궁내대신 민병석

탁지부대신 고영희

농상부대신 조중응

서울 서대문경찰서

서울 헌병대 용산분대

헌병분대 장교와 하사관

경상남도 헌병대 병사

위, 진주 헌병대 본부
아래, 전주 헌병대와 전라북도 경무부원 일동

왼쪽, 창덕궁경찰서
아래, 경성 헌병대 본부와 함경북도 경무부원

무산 헌병분대

신의주 경찰서부원

일본을 여행 중인 친일 고관들의 부인들이 미쓰코시 백화점에서 기념사진을 촬영했다.

'한일병합'에 찬성한 매국관료들이 부부동반으로 근대화한 일본을 견학한다며 방문했다.

1906년경 함흥에 경무부가 생긴 이후 최초로 맞이한 천장절 기념사진

9. 병합 후의 민중 생활

'한일병합'이 성립된 후 조선총독부는 임시토지조사국(1910년 9월)을 설치해 토지조사사업을 급속도로 진행하였다. '토지소유권의 확립과 지세제도의 확립'이라는 목적 아래 조선 전국토의 토지측량, 토지대장 정비가 시작되었다.

근대적인 토지소유권은 신고주의여서 신청서 배포와 기입은 일본인 관헌에 의해 진행되었다. 글을 모르는 많은 농민들이 신고하지 못해 방치된 자신들의 토지를 조선총독부에 빼앗겼다.

토지조사가 완료된 1918년에는 경작지의 절반 이상이 3.3퍼센트의 지주 소유로 되었고, 지주의 토지를 빌려서 소작하는 농민들이 전농민의 80퍼센트가 되었다. 또한 임야조사사업도 병행해서 진행되었다. 기한 내에 일정한 양식을 갖추어 신고하지 못한 곳은 모두 국유화되었으며, 산의 공동이용도 불가능하게 되었다.

또한 조선 민족자본의 형성은 저지당했다. '회사령'에 의해 일본인 회사에 비하여 조선인 회사는 10분의 1 수준이었다. 토지조사사업으로 생활 기반을 잃게 된 농민들은 농촌에서 야반도주하듯 도시로 나와도 생계가 막연했기에 토막민(움막에 거주하는 사람)이나 화전민으로 전락했다. 최악의 생활환경이었다.

서울의 토막민 대부분은 경기도 출신이었다. 남쪽 곡창지대의 춘궁기의 농민은 일본으로 건너가고 평안도, 함경도의 농민들은 압록강, 두만강을 건너 만주로 유랑을 떠났다. 그들의 이동은 3-4월과 10월에 가장 많았다. 봄에는 가을 수확물이 떨어졌고, 보리는 아직 나오지 않을 때라 약간의 가재도구를 머리에 이거나 등에 진 남녀노소는 기차도 타지 못하고 걸어서 서울이나 국경을 향했다.

산속으로 들어간 농민들은 화전을 일구며 원시적인 생활로 돌아갔다. 산의 나무를 벌채하거나 풀과 나무를 불살라 버리고 그 자리를 개간해 농사를 짓다가 농작물의 수확이 감소하면 다시 이동했다. 화전은 교통편이 나쁜 강원, 평안, 함경남북도에 많았는데 임야가 국유화되자 그마저도 힘들게 되었다. 화전민들은 수풍댐 건설공사현장으로 흘러들어 가거나 국경을 넘어서 만주로 이동했다.

일제는 이들 토막민, 화전민을 포함한 조선인 전체에게 우둔하고, 방종하며, 무사안일주의, 게으름뱅이, 시기심 강하고, 경거망동하여 문명의 진보도 기대할 수 없다는 딱지를 붙였다.

점심 식사 중인 조선인 노동자(마부)

토막민 아이들

토막민의 집

물지게를 진 토막민

토막민
토지를 빼앗긴 농민들이 대도시를 찾아왔으나 살 집이 없어서 땅 위에 거적을 덮어서 주거를 마련했다.

고개를 넘어서 귀가하는 사람들

서울 근교(1907년)

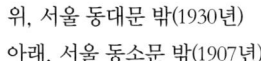

위, 서울 동대문 밖(1930년)
아래, 서울 동소문 밖(1907년)

서울 거리에서 장작을 파는 소년(1897년)

평양 교외(1897년)

어린이들과 원각사지10층석탑

모자를 쓴 노인

지게를 진 소년  　　　　　　　　　　　　　　　　농부

양잠 농가(1913년)

조선의 가옥 내부

장승(천하대장군·천하여장군). 마을 입구에 수호신으로 세워지며, 매년 개수를 늘려 가는 것이 관례였다.

양반의 외출. '유생'이라고도 불리는 '사대부' 통치자로서 독서에 능하고 최고의 덕목을 닦는 봉건사회의 귀족에 해당하는 상류계층

왼쪽·오른쪽, 당시 주요한 운반 수단이었던 말과 당나귀

위, 귀가
아래, 다듬이질하는 소녀들

위·아래, 빨래하는 아낙네들(경상남도 진주 남강)

농촌 풍경
왼쪽 위, 땅파기. 왼쪽 아래, 땔감장수. 위, 도랑에서 야채를 씻는 아낙네(1920년)

얼음 채집. 물이 맑은 한강은 서울의 상수원이었으며, 얼음은 여름철 음료용으로 매년 2만 톤에서 4만 톤 정도 채빙되었다(1928년경).

놋쇠 제품 공장. 조선의 놋쇠 제품 역사는 오래되었다. 무로마치 시대 일본에서 수입된 동으로 많은 일상생활용품을 만들었다. 놋쇠 제조는 평안도 정주와 경기도 안성이 대표적으로, 공장제 수공업이 발생했다.

가마니 짜기 일본 정부는 농업장려계획을 총독부에서 강제적으로 시켜서 쌀·면화·콩·과일의 재배를 비롯하여 가마니 짜기 같은 농가 부업을 장려하였다.

수제업 장려에 의한 소년들의 공동작업

집단노동 중인 부녀자들

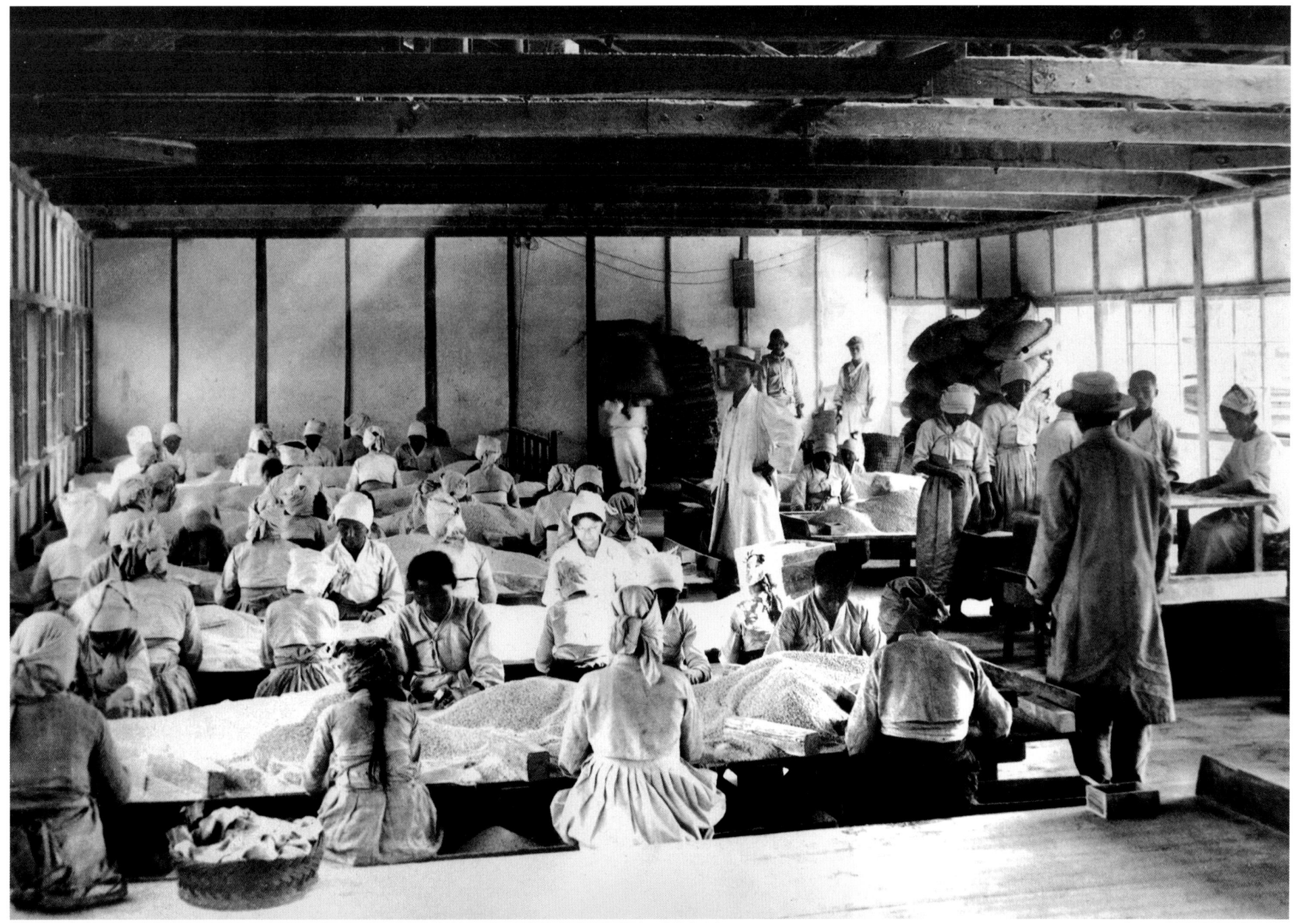

공동작업하는 부녀자들

잡화점

방적공장
일본의 방적 자본은 조선에 진출하여 농촌에서 토지를 빼앗기고 생활고를 해결하려는 젊은 여성들을 감언이설로 공장에 끌어들였다. 높은 벽돌담 안에서 밖에 나가지도 못하는 생활이 강제된 곳도 있었다.

갓을 만들어 파는 가게

식당

10. 3·1독립운동 이후 '문화정치'로의 전환

농가

1919년 2월 8일 도쿄에 있는 조선인 유학생 600여 명이 간다의 기독교청년회관에 모여서 조선의 독립선언을 발표한 뒤 시위를 하다가 일본 경관 80명과 충돌했다. 다음 날 2월 9일 『도쿄 니치니치 신문(東京日々新聞)』은 '600명 집합/중대문제 때문에 형사 80명과 충돌/29명 니시간다 경찰서로 연행'이라는 타이틀로 크게 보도했다.

독립선언 발표를 '중대문제'로 보도했던 것은 당시의 일본 신문은 조선에 관한 보도에서 '독립·국가'는 금지되어 있었기 때문이다. 또한 독립을 신생·재생이라고 표현하는 것조차 허락되지 않고 '독립'이라는 단어는 절대적으로 터부시되어 있었다. 반대로 많이 사용된 표현이 '불온' '불온분자' '불량조선인' '폭도' 등이었다.

도쿄에 있는 유학생들은 1919년까지 연평균 600여 명 중에서 관비 유학생 30여 명은 '품행방정'한 학생이라고 분류되어 있었다. '한일병합'한 1910년 8월 22일 유학생 전원은 전국에서 모인 형사들의 미행을 받으며 24시간 감시당했다. 3년 후 1913년 10월에는 내무성 경보국장이 '조선인 식별에 관한 건'에 관한 통지가 각 현에 전달되어 민족차별과 감시를 했다. 게다가 1916년 7월에는 조선 독립을 도모하는 조선인을 구분하는 '요주의 시찰 조선인 내규'에 따라 '배일사상에 대한 신념이 강한 자'로 규정되면 철저히 관리되어 자유스럽지 못한 일상생활을 보내게 했다.

그럼에도 불구하고 유학생들은 식민지 지배자의 수도 도쿄에서 학교별, 출신지별 서클을 결성하여 『배움의 빛(学の光)』같은 잡지를 발행했다. 민족과 국가의 훌륭한 점을 논한 논문을 발표하고 계몽활동을 전개했다. '한우회'는 학교와 출신지를 따지지 않고 전 유학생을 결집시킨 조직으로 계절마다 열린 야유회, 변론대회, 운동회는 단순히 친목을 도모하는 장만은 아니었다. 일본뿐만 아니라 각지에서 자국 독립운동의 오피니언 리더로서 이론과 활동을 전개했다. 합동운동회에서는 이순신 장군의 가장행렬과 참가자 전원이 둥근 띠 모양을 만듦으로써 조선반도를 형상화해 망국의 한을 풀기도 했다. 그들 유학생들은 시대의 흐름을 날카롭게 직시하고 있었다. 일본의 '다이쇼 데모크라시(Taisho Democracy. 러일전쟁 때부터 다이쇼 천황 때까지 일본에서 일어났던 민주주의 개혁을 요구하는 운동 - 역주) 영향도 컸다. 오스기 사카에, 아라하타 칸손의 『평민신문』과 가와카미 하지메의 『가난 이야기』 서적뿐만 아니라 일본의 진보 그룹과의 교류도 적극적으로 이루어졌다.

"그 무렵 도쿄는 극동에서 온 학생들의 중심지였으며 세상의 수많은 경향을 지닌 혁명가들의 피난처이기도 했다. 조선에는 좋은 대학이 없었기도 했고 일본 학교는 당시 자유주의와 전후 평화적 흥분으로 넘쳐났기에 조선 학생들은 누구든지 도쿄로 가서 고등교육을 받고 싶어 했다"(님 웨일스).

3·1운동이 잠잠해질 무렵 본명인 장지학보다 김산으로 더 유명하고 김일성 회고록에서는 장지락으로 등장하는 김산(님 웨일스 저, 『아리랑』의 주인공)이 도쿄 유학을 결심했던 것도 이 때문이었다.

러시아혁명 정부가 모든 불평등 조약을 파기한다는 뉴스와 미국 대통령 윌슨의 민족자결주의는 학생들에게 커다란 희망을 주었다.

2월 8일, 학우회 총회에는 600여 명이 참가했는데 대회는 도중에 '독립선언대회'로 바뀌었다. 조선독립청년단의 이름으로 선언서와 결의서가 채택되었다. 선언서에는 27살 와세다 학생 최팔용 등 11명의 대표가 서명했다. 와세다 학생 송계백 등은 국내와 중국으로 가서 도쿄 유학생들의 움직임을 알렸다. 송계백이 선언문을 모자 속에 감춰 가지고 국내로 들어왔다고 전해지고

신용산의 조선 총독 관저. 하세가와 요시미치가 거액을 들여 지었으나 평상시에는 사용되지 않았다.(1912년 준공)

있다.

조선의 고종이 갑자기 서거하자 추모 열기는 3월 1일의 독립운동으로 이어졌다.

고종의 인산일 직전인 3월 1일에 서울 탑골공원에서 독립선언문을 발표했다. 천도교의 손병희 등이 기독교 및 불교의 지도자와 연락을 하여 일본에서 돌아온 유학생들과 공동 행동을 취할 준비를 해두었다.

치밀하게 준비되어 온 독립운동은 도쿄에서 귀국한 유학생들에 의해 점화되었다. '고종이 독살 당했다' '아니 자해다'라는 소문이 망국의 한을 증폭시켜 반일적인 움직임에 박차를 가했다. 경찰의 허를 찌르듯 토요일 3월 1일 오후 2시에 서울 종로 탑골공원으로 집결을 알리는 전단이 시민들과 학생들에게 뿌려졌다.

독립선언서에 서명한 대표들은 일본군과 군중과의 충돌을 염려하여 음식점에서 선언문을 낭독하고 일제 당국에 자수하여 구금되었다.

선언문에서 밝혔듯이 '조선국은 독립국이며 조선인은 자유인'이라는 내용은 입에서 입으로 널리 확산되며 시위로 이어졌다. 시위는 폭동이 아닌 독립운동으로 이어졌다. 영국 신문기자 맥켄지는 이렇게 기록하고 있다. "폭력 시비는 없었다. 전국 각지에 산재해 있는 일본인은 상처 하나 입지 않았고 일본인 상점도 무사했다. 경찰이 습격해 들어와도 장로들은 반항하지 말고 조용히 따르라고 민중들에게 지시했다. 약자의 담담한 모습에 강자는 당혹해 했다"(맥켄지). 그럼에도 불구하고 일본 경관은 칼을 휘두르며 무방비한 조선인의 "양쪽 귀를 베고, 손톱을 뽑았다". 이 사진을 후일 맥켄지가 뉴욕 시민들에게 보이자 "그 사진 때문에 어젯밤은 악몽에 시달렸다"고 호소할 정도로 잔혹무도한 것이었다.

부산 시위행진에 참가한 시민들은 일제 경찰에 의해 소 사료용 짚을 자르는 작두로 목이 잘렸다. 일본군이 총검으로 죽인 인간 도살의 참극에 관한 사진은 몇 장 밖에 되지 않는다.

독립운동은 천도교·기독교 조직이 있는 각지에서 집중적으로 일어났으며, 도시에서 농촌으로 번져나갔다.

조선의 잔 다르크라고 불리는 유관순은 당시 16살의 여학생이었다. 학교는 휴교를 하고 상점도 문을 닫았다. 학교가 무기휴교에 들어가자 기숙사를 나와서 고향으로 돌아가 독립운동에 대해서 흥분하며 전하고 봉기를 호소했다.

이 소식을 들은 마을의 장로, 유학자 들은 밀서를 보내 부녀자도 참가할 수 있는 음력 3월 1일(사람이 많이 모이는 장이 서는 날)에 독립만세운동을 결행했다. 수천 명의 군중 앞에서 16살 소녀가 독립선언서를 읽었다. 아우내 장터는 감격의 도가니였다. 민족의 한이 응결돼 독립만세를 외쳤다. 군중들이 몰려든 헌병 파견소 앞에서는 무차별 총격이 일어났으며, 순식간에 지옥 같은 아수라장으로 변해 버렸다. 평화적인 시위에 발포한 "살인 헌병을 죽이자"는 군중의 분노가 극에 달하여 파견소를 습격했다. 긴급지원 나온 천안헌병대에 의해 맨주먹으로 시작한 시위는 많은 사상자가 생겼으며 다수가 체포되었다.

천안헌병대 유치장에서 유관순은 수많은 고문을 견디며 조석으로 독립만세를 외치다가 서울 서대문형무소로 이송되어 1920년 10월, 17살의 짧은 인생을 끝냈다(강덕상,『조선독립운동의 군상』).

3·1운동이 일어나자 일본군의 탄압에 대한 대외적인 항의를 의식한 일본 정부는 8월 이 사건이 대단히 가벼운 것이며, 조선 통치에는 아무런 문제도 없이 평화적으로 이루어진다고 선전하는 기록영화「조선사정」을 제작하여 안팎으로 무료 상영하는 한편, 지옥 같은 참상을 찍은 사진에 대해서는 엄중히 관리했다.

1919년 도쿄. 2·8독립선언의 주역인 유학생들

2·8독립선언서 (동경 유학생 독립선언서)

조선청년독립단은 우리 2천만 민족을 대표하여 정의와 자유의 승리를 득(得)한 세계의 만국 앞에 독립을 기성(期成)하기를 선언하노라. … 우리 민족은 일본의 군국주의적 야심의 사기와 폭력 아래 우리 민족의 의사에 반하는 운명을 당하였으니 정의로 세계를 개조하는 이 때에 당연히 이의 광정(匡正)을 세계에 요구할 권리가 있으며, 또 오늘날 세계 개조의 주역이 되고 있는 미국과 영국은 보호와 병합을 지난날 자기들이 솔선하여 승인한 잘못이 있는 까닭으로, 이 때에 지난날의 잘못을 속죄할 의무가 있다고 단언하는 바이다. 또 병합 이래의 일본의 조선 통치 정책을 보건대, 병합시의 선언에 밝혔던 우리 민족의 행복과 이익을 무시하고 정복자가 피정복자에게 대하는 고대의 비인도적 정책을 습용(襲用)하여 우리 민족에게는 참정권과 집회·결사의 자유, 언론·출판의 자유 등을 불허하며 심지어 신교의 자유, 기업의 자유까지도 적지않이 구속하며 행정·사법·경찰 등 여러 기관이 다투어 조선 민족의 사적인 권한까지도 침해하였다. … 어느 방면으로 보아도 우리 민족과 일본과의 이해는 서로 배치되며 항상 그 해를 보는 자는 우리 민족이니, 우리 민족이 우리 민족의 생존할 권리를 위하여 독립을 주장하노라. … 우리 민족에게는 한 명의 병사도 없다. 우리 민족은 병력으로써 일본에 저항할 실력이 없다. 그러나 일본이 만일 우리 민족의 정당한 요구에 불응할진대 우리 민족은 일본에 대하여 영원히 혈전을 선언하노라. 우리 민족은 구원(久遠)히 고상한 문화를 지녔으며, 반만년 동안 국가 생활의 경험을 가진 민족이다. 비록 다년간 전제 정치 아래에서 여러 해 독과 경우의 불행이 우리 민족의 오늘을 이르게 하였다 할지라도 정의와 자유를 기초로 한 민주주의 위에 선진국의 모범을 따라 새 국가를 건설한 뒤에는 건국 이래 문화와 정의와 평화를 애호하는 우리 민족은 세계의 평화와 인류의 문화에 공헌할 수 있게 될 줄로 믿는 바이다. 이미 우리 민족은 일본이나 혹은 세계 각국이 우리 민족에게 민족자결의 기회를 부여하기를 요구하며, 만일 불연(不然)이면 우리 민족은 생존을 위하여 자유의 행동을 취하여 이로써 독립을 기성(期成)할 것을 선언하노라.

1919년 2월 8일 재일본 동경 조선청년독립단

행진하는 여성 시위대. 서울의 탑골공원에 모인 수천의 군중 가운데는 만세를 외치며 행진하는 여성들의 모습도 볼 수 있었는데, 일반인들도 그들의 행렬에 합류해 만세운동을 하였다.

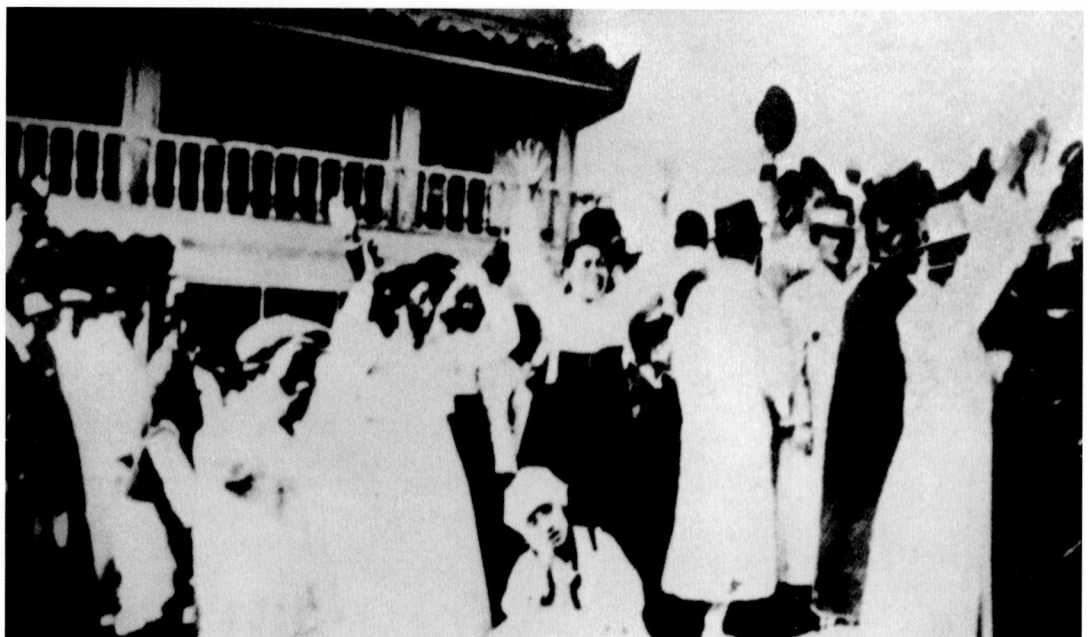

3·1운동에 참가한 서울 시민들

학창시절의 유관순

옥중의 유관순

목이 잘려 처형된 사람들. 부산

경찰에 연행되는 여성 시위자

시위대를 경계하는 일본군

11. '문화정치'와 쌀수매 정책

전 세계로부터 주목을 받은 3·1운동에 당황한 일본 정부는 군대·헌병·경찰의 증원부대까지 동원시켜 가면서 철저한 탄압을 시작했다. 일본 경찰의 발표에 의하면 3월 1일부터 4월 11일까지 소요사건 786회, 참가인원 약 50만 명, 사망자 357명, 부상자 802명으로 되어 있었다. 박은식에 의하면 집회 참가자는 약 202만 3,098명이었고 사망자는 7,509명, 부상자 1만 5,961명이었다고 한다.

3·1운동은 전 세계를 놀라게 했다. 잇따라 중국으로도 퍼졌다. 박은식은 이렇게 기록하고 있다. "어떤 사람이라도 단 1개월이라도 조선에서 살아 본 사람이 받은 인상이란 조선은 결코 평화적이지 않았다는 점이다. 작년 3월에 봉기한 독립운동은 지금 종결되고 있다기보다 긴 무대 개막이 지금 막 올라갔다고 할 수 있다. 앞으로도 봉기는 있을 것이다 – 지난달에도 봉기가 계획되었다 – 유혈참사는 더욱 일어날 테고, 수없이 많은 수난은 거듭될 것이다."(강덕상 역, 『조선독립운동지혈사』, 헤이본사·동양문고)

육군 대장 하세가와 요시미치 조선 총독은 경질되었다. 하세가와는 총독부 시대 주재군 사령관 재임시 총칼로 조선에 군림했다. 무단정치는 조선인의 투쟁에 의해 전기를 맞이했으나 후임 총독의 인선은 난항이었다. 하라 다카시 내각 총리대신은 같은 이와테 현 미즈사와 출신인 해군 대장 사이토 마코토를 총독으로 임명했다.

하세가와는 후임 총독에게 다음과 같은 의견서를 보냈다.

'언론집회의 억압을 완화시키고' 2-3개의 한글 신문 간행을 허가하여 민심의 통일과 시정에 대한 선전용으로 이용한다.'

1919년 9월 2일, 서울역에서 사이토와 그가 선출한 정무총감 미즈노 렌타로(훗날 관동대지진 때 내무대신)는 시베리아에서 잠입한 66세의 백발 노인 강우규 의사가 던진 폭탄세례를 받았다. 지척의 거리에서 던진 폭탄은 터졌으나 사이토는 거의 피해를 입지 않았고 대신 부관만 부상을 입었다. 조선독립운동의 혼은 다시 한 번 전 세계에 알려졌다.

간담이 서늘해진 미즈노는 조선 민중의 깊은 한을 피부로 느꼈는지 한복을 착용하고 긴 담뱃대를 들고 민중 앞에 나타났으나 이토처럼 민심을 속이려고 아양을 떠는 것에 지나지 않았다.

에도 막부가 무너지고 천황이 직접 통치하는 왕정복고를 이룩하는 과정에서 큰 역할을 담당한 조슈번(長州藩) 출신인 데라우치에 비해서 사이토는 삿쵸(사쓰마번과 조슈번이 동맹하여 도쿠가와 막부를 무너뜨릴 수 있는 발판을 만들었는데 사쓰마와 조슈를 줄여서 삿쵸라 부른다 – 역주)군에게 패한 센다이번(仙台藩) 미즈사와 출신으로 일본의 정치위기 속에서 비난을 한몸에 받아야만 하는 손해 보는 역할을 맡았다. 다이쇼 데모크라시 시대의 영향도 있고, 영어로 일기를 쓸 정도의 국제감각을 가진 사이토는 '무단정치'에서 '문화정치'로 조선 통치 방식을 바꿨다.

'문화정치'의 내용은 총독의 권한을 축소하고 헌병경찰제도를 보통경찰제도로 바꾸고, 교사들의 착검을 폐지하는 것이었다.

겉으로는 '무단'에서 '문화'로 전환했으나 사실은 교묘하게 탄압기관을 강화했다. 헌병이 담당했던 호적·위생 등의 행정사무를 경찰로 옮겼고, 하급 헌병과 경찰관을 증원했다. 마을마다 순사가 있는 파출소와 주재소가 증설되었고, 1920년에는 경찰관서는 2,746개, 경찰 병력은 2만 1,000명으로 증가했다. 전년도에 비하여 각기 4배 가까이 증가된 것이다. 전국에 그물망처럼 퍼진 헌병과 경찰은 민중의 일거수일투족을 손바닥 들여다보듯이 했다.

정책은 표면상으로는 부드러웠으나 조선인을 매수하여 민족운동의 분열·해체를 도모했다. 조선인 관리

사이토 마코토

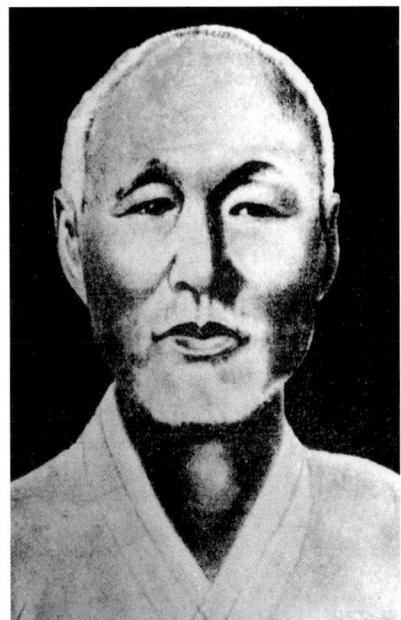
강우규 의사

미즈노 렌타로

등용과 함께 지방행정의 자문기관인 도평의회에는 지방의 모범적인 지역유지를 임명했다.

한편, 언론·출판·집회·결사의 자유가 사전검열을 전제로 인정된 점은 획기적인 것이었다. 1920년에는 첫 한글 신문으로 『조선일보』가 나왔고 다음으로 『동아일보』가 창간되었다. 또한 『개벽』이나 『조선의 빛』과 같은 잡지가 발행되었으며 문학·영화·연극 활동이 둑을 터뜨린 것 같은 기세로 시작되었다.

강우규 의사의 의거와 사이토 마코토, 미즈노 렌타로

3·1운동 이후 반년, 조선의 식민지 지배의 재편성을 위해 서울역에 내린 사이토 마코토 해군 대장과 미즈노 렌타로 정무총감 등은 마중 나온 우쓰노미야 군사령관과 인사 후 마차에 올랐다. 돌발적인 사태를 방지하기 위해 군대와 경찰이 삼엄하게 감시를 했으나 66살의 노인 강우규 의사가 던진 폭탄이 마차에서 4미터 지점에서 폭발하여 37명의 부상자를 냈다.

법정에서 강우규 의사는 "일본은 불법으로 우리나라를 병합했다. 이것은 세계 인도주의가 허락하지 않는다"라고 진술했다.

강우규 의사는 서대문형무소에서 순국했다. 미즈노 렌타로 정무총감은 폭탄세례를 받고 두려웠는지 한복과 조선 담뱃대를 들고 조선인 앞에 나타나거나 사진을 찍어서 선전했으나 공포심은 사라지지 않았는지 관동대지진 당시 조선인 학살 계획의 주범으로 활동하였다.

독립운동의 거점, 간도

토지를 빼앗긴 유랑민들은 두만강을 건너 간도로 향했다. 1934년에는 간도 총인구 57만 명 가운데 40만 명이 조선인이었다. 간도는 '배일 조선인의 소굴'이라고 불렸듯이 독립운동의 거점지였다.

오른쪽, 간도로 향하는 조선인 농민들
아래, 처형당하는 조선인 농민

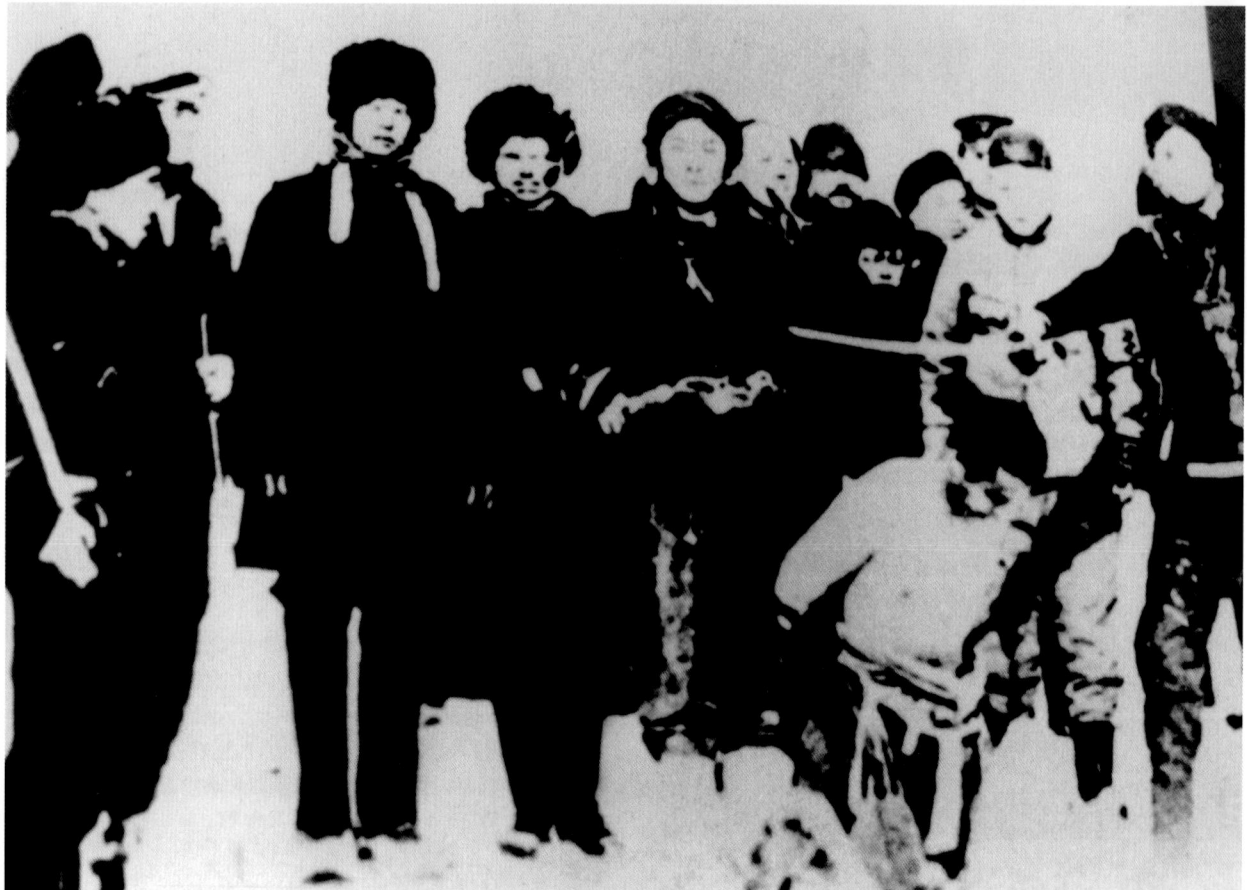

현 북간도 부근의 지도

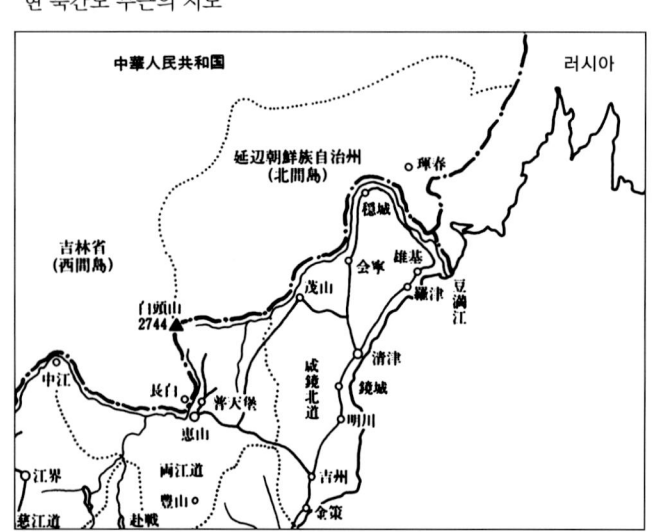

훈춘사건으로 붙잡힌 투사의 가족

훈춘사건으로 처형된 농민들

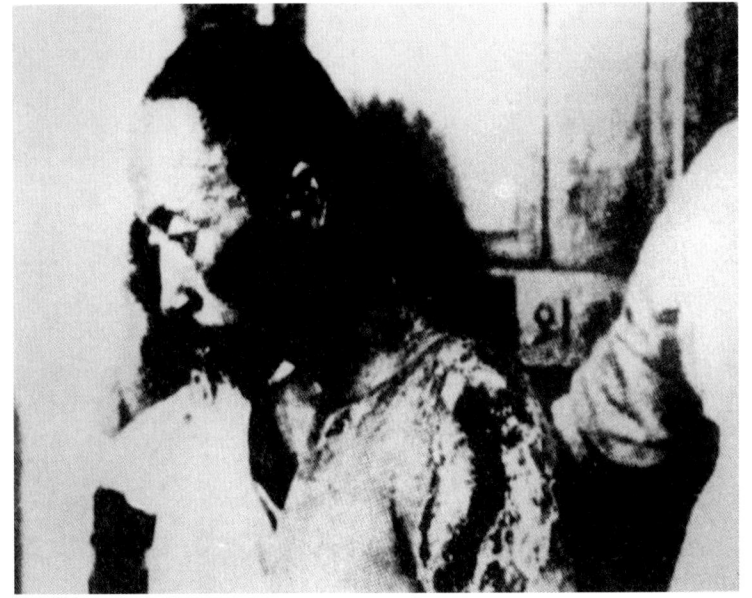
양팔이 잘린 농민 변씨
북간도 화룡현의 어느 마을에서 일본군의 방화로 마을 전체가 불타던 중에 30대의 변씨라 불리는 농민이 '태극기'를 흔들며 '대한독립만세!'라고 외쳤다. 그때 일본군이 군도로 변씨의 양팔을 내리쳤다. 피로 물든 땅에 쓰러지기 직전의 변씨를 뒤에서 보고 있던 선교사가 찍었는지, 이 한 장의 사진이 오늘날까지 전해지고 있다(이강훈의 증언, 『동아일보』 1982년 8월 6일자).

이강훈 지사
왼쪽 변씨 사진의 소지인이며 증언자이기도 한 이강훈 지사는 1903년 6월 13일 강원도 김화에서 출생하여 2003년 11월 향년 100세를 일기로 타계했다.
1920년 독립운동의 거점인 북간도로 이주하여 1933년까지 항일 독립운동에 참가하여 김좌진 독립군 대장 지휘 하에 민족주의적인 항일조직·신민부에서 활약했다. 1933년 주중일본공사 아리요시에게 폭탄을 던지려던 계획이 실패하여 체포되어 일본으로 이송되었다. 1945년 10월 10일 도쿄형무소에서 일본공산당 서기장 도쿠다 규이치와 김천해와 함께 출옥하여 1960년 귀국했다.

조선인 대학살·훈춘사건

1920년 10월 시베리아에 출병한 일본군 남만주 19사단은 시베리아에서 철수하자 간도(중국 길림성)로 진군했다. 두 번에 걸쳐 간도의 일본 영사관 훈춘 분관이 습격된 사건을 조선 독립군에 의한 것으로 보고 조선인 3,000명을 죽이는 대학살을 저질렀다. 간도의 홍범도, 김좌진의 독립군을 근절시키기 위해 중국의 마적들과 짜고 저지른 사건이었다.

전라북도 군산에서 일본으로 수송하기 위해 적재해 놓은 쌀 가마니(1920년경)

산미증식계획

조선 농민의 토지를 빼앗는 토지조사사업에 이은 정책으로는 쌀을 수탈하는 산미증식계획이었다. 일제가 조선을 일본의 식량공급지로 만들기 위해 1920-1934년에 걸쳐 실시한 농업정책이다.
산미증식계획은 수량시설 개량, 간척 등으로 토지개량과 증식 등 농사개량을 주로 이루어졌다. 조선 농민은 비싼 금리를 내며 쌀 증식을 도모했으나 산미증식계획으로 증산된 양보다도 더 많은 쌀이 일본으로 반출되었기 때문에 조선 농민은 만성적인 식량난에 허덕였다.

집하 중인 누에고치(경북 안동, 1913년)

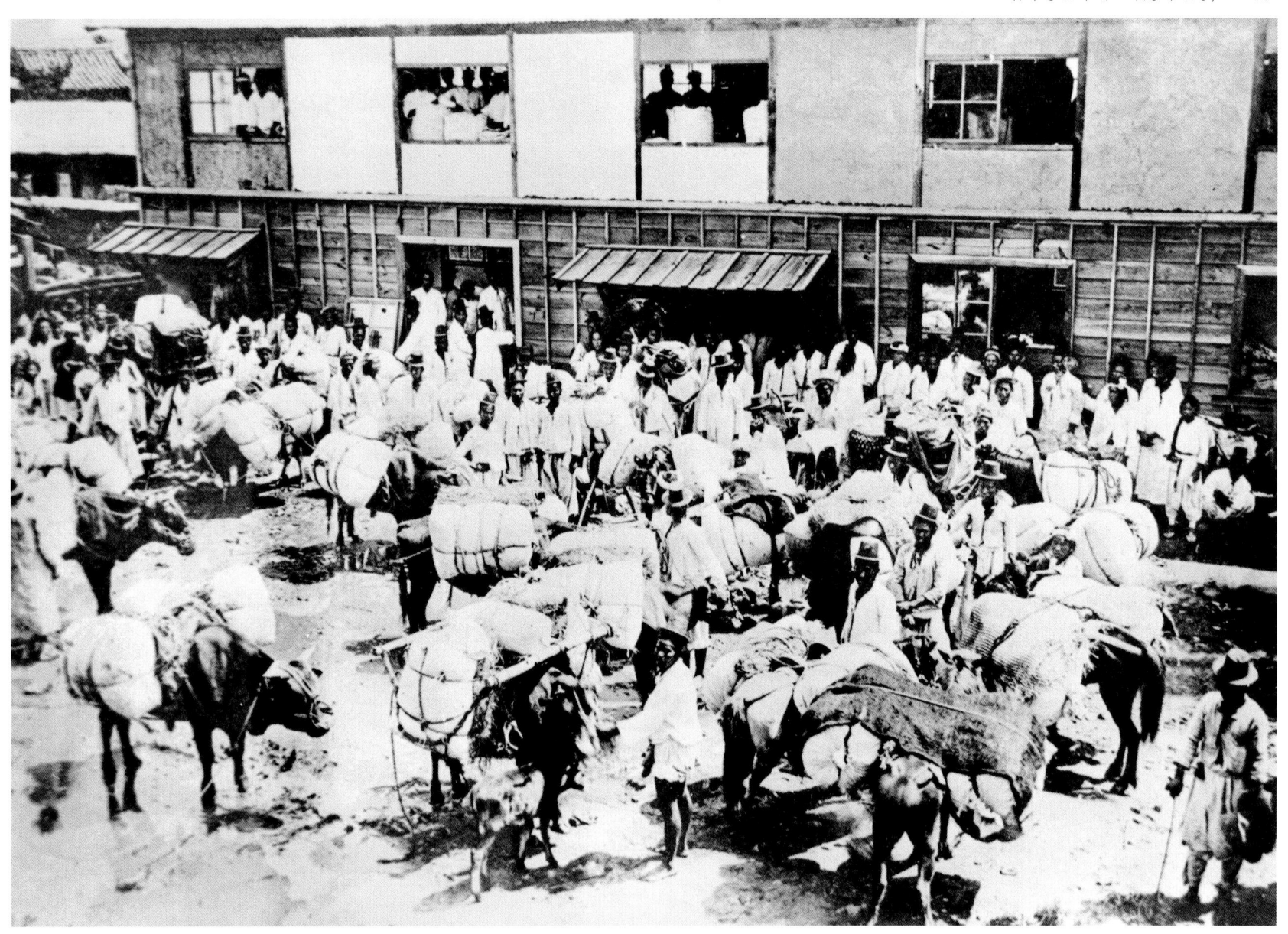

일본 축일을 기념하기 위해 모인 조선인들

대구 시장(1890년경)

대구 우시장
소 판매는 각지에서 정기적으로 열렸다. 빈곤한 농민들은 농번기가 끝난 후에 팔기에 일본인 거간꾼들은 주로 가을에 싸게 구매했다.

일본으로 보내기 위해 집하된 조선의 쌀
빈곤층 농민들은 중국에서 수입한 싼 조를 사먹었고,
자신들이 농사지은 쌀은 전부 빼앗겼다.

마 집하장

반출되는 면화(전라남도 목포항)

위, 전라남도 목포항
아래, 경상남도 마산항

부산항(1867년 개항)

대두 유출(인천항)

어로작업 중인 거제도의 어부들

부산의 어시장. 1889년에 개장되었다.

함경남도 갑산 제재 반출

금광

'병합' 후 일본 대기업·미쓰비시 금속광업 등에 의한 대개발이 진행되어 1928년 당시 일본 산업의 대부분을 점하게 되었다. 또한 조선의 광산물 수출입 총액의 약 30퍼센트가 금이었다.

평안북도 운산의 금광

1895년 7월, 미국인 모스가 대한제국 황실로부터 운산 일원의 채굴권을 얻어 동양합동광업회사를 설립하였다. 광구는 352평방킬로미터나 되는 광대한 곳이었다.

경기도 주안의 염전

조수간만의 차를 이용하여 염전에 해수를 유입시켜 천일로 건조시킨 소금을 채집했다. 총독부는 1907년에 평안남도 광량만과 경기도 주안 등에 관영의 넓은 염전을 축조했다.

함경남도 신포지방의 황태 덕장(1928년)

흥남질소안료공장. 일본 신흥재벌 일본질소기업연대는 압록강의 수력발전사업에 착수하여 1927년에 조선질소안료회사를 설립했다.
1930년부터 흥남안료공장의 조업을 시작하여 조선에서 화학안료 공급 독점을 하여 거대한 부를 축적했다(함경남도).

평양

위, 회령시 두만강 연안의 국경의 마을. 육군제75연대가 주둔했다(1930년경)

아래, 함흥 시가

청진항. 일본해 북단 항구 후시키(伏木)·쓰루가(敦賀)·오사카로 향하는 정기 항로가 있었다(1930년경).

위·아래, 압록강 하구의 대도시 신의주 시가

국경의 다리(압록강) 　　　　　빨래하는 여인

국경의 마을. 결혼식을 마친 신랑 신부의 신행길로 보인다.

압록강 뗏목

신의주에 있는 산림관리서인 영림서 제재공장, 펄프제조능력 3천 톤의 오지제지공장에 제지 원료로 운반되었다. 뗏목은 두만강을 통해 회령의 영림서 제재공장에도 공급되었다.

뗏목

길이 790킬로미터인 압록강을 타고 내려오는 여행은 며칠씩 걸리기 때문에 뗏목 위에 오두막집을 짓고 지냈다. 상류의 급류에서는 일본인 사공이, 하류에서는 조선인 사공이 담당을 나누어서 했으나 경비와 시간이 너무 걸리자 1921년부터는 싸게 부릴 수 있는 조선인 사공을 양성하여 급류지역에서도 담당시켰다.

뗏목 위에서 식사 중인 중국인 사공

영일만 두호동 청어(1928년경). 경상북도 영일만은 어획량이 풍부하였고, 특히 겨울철에는 청어가 다량으로 잡혔다.

12. 서울→경성, 변천하는 서울

'한일병합' 후, 조선왕조 500년의 수도 서울에 대변화가 시작되었다. 수도 서울의 관청용어는 '한성부'였으나 1910년 10월 10일 '조선총독부령' 제2호에서 '경성부'로 바꾸었으며, 통용어로서 경성을 일본 발음인 '게이조'로 부르도록 강요했다. '경성'으로 정착된 서울은 일본색이 점점 강해졌다.

서울은 북쪽으로 북한산성이 있고, 동북으로 뻗은 산줄기는 화강암이 노출되어 있으며, 남산 바깥쪽은 한강 줄기가 돌아가는 배산임수(背山臨水. 산을 등지고 물을 바라보는 지세로 한국의 가장 보편적인 취락입지의 유형 – 역주) 도시다. 옛 도성 내에 있는 조선왕조의 경복궁, 왕이나 왕세자의 혼례 때에 비(妃)를 맞아들인 별궁, 창덕궁, 창경궁, 덕수궁 등 오대 고궁은 화려한 왕조의 잔영으로서 일본인 카메라의 좋은 피사체였다.

또한 8개의 성문을 연결한 성곽은 높이 7.7미터, 길이 18.5킬로미터이며 안에는 왕궁·관청·상인·장인 들이 살았다. 북쪽에는 고급관사인 '북촌'이 있었고 남쪽에는 하급관사 주거지인 '남촌'이 있었다. 가운데에 있는 종로는 상인들의 생활의 터전이었다. 성곽 안에 동대문시장, 남대문시장이 있었으나 '한일병합' 후엔 일본 상품이 범람했다. 명동 일대를 명치정(明治町)으로, 충무로의 일본인 마을을 본정(本町)·황금정(黃金町)이라는 일본식으로 바꾸었으며 군사령관 하세가와 요시미치의 이름을 따서 '하세가와쵸[長谷川町, 여기에서 쵸로 발음되는 정(町)은 일본 행정구역의 이름인 시·쵸·손(市·町·村) 가운데 하나이며 한국의 동(洞)에 해당 – 역주]도 있었다. 1908년까지 진출한 일본상사의 수는 미쓰이물산을 포함해 143개의 회사가 있었다. 영화관도 일본인이 경영했고, 서울 시민 7명 중에 1명이 일본인이었다.

서울의 성곽은 일본 황태자(후에 다이쇼 천황)가 온 1907년 10월에 철거되었다. 일본 황태자의 4일간의 짧은 체류기간 동안의 안전을 위한 조치였다.

1925년과 1926년에 각기 건립된 조선 신궁(일제가 식민지배의 상징으로 서울의 남산 중턱에 세운 신사 – 역주)과 조선총독부로 인해 서울의 경관은 변모해 갔다. 위압적인 두 개의 건물이 건설되는 광정에서 야나기 무네요시(柳宗悅. 일본의 민속학자. 일제강점기 광화문 철거가 논의되었을 때 적극 반대하는 등 한국의 민속예술에 대한 깊은 관심을 보였다 – 역주)는 잡지 『개조』(1922년 9월호)에 「사라져 가고 있는 조선 건축물을 위해서」라는 글을 발표하여 세론을 환기시켰다.

"자연은 건축을 지키고, 건축은 자연을 장식하고 있는 것이 아닌가. 유기적 관계를 깨서는 안 된다. 오늘날 천연과 인공과의 조화가 몰이해자 때문에 깨지려고 한다. 이것이 꿈이었으면 좋겠으나 무서운 현실인 것이다." 야나기는 이 문장 때문에 위험인물로 찍혀서 상시로 경찰의 미행을 받았다. 그러나 야나기는 일본인들에게 "군국주의를 포기하자. … 자신의 자유를 존중함과 동시에 타인의 자유도 존중하자"고 계속 강조했다.

앞줄 왼쪽부터 모리야 히데오 부인, 아오키 가이조 부인, 이완용 부인, 사이토 마코토 부인, 한용경과 차남, 우쓰노미야 타로 부인, 이재완 부인, 구도 에이이치 부인, 한창수 부인, 뒷줄 왼쪽부터 한창희 부인, 한창학 부인, 한신목 부인, 한만희 부인, 한백희 부인과 차녀

남산에서 내려다본 서울 시가(1902년)

남산에서 내려다본 서울 시가(1897년)

경희궁의 정문인 흥화문

동대문

서울 거리(1922년)

경성제국대학

'한일병합' 후, 식민지에 고등교육은 무용하다며 조선총독부는 대학 설치를 금지했다. 1922년 마침내 대학 설치를 허가하여 1926년에 경성제국대가 개교했다. 대학은 경성제대학뿐이었고 조선인 학생의 입학은 제한되었다.

남산의 조선 신궁(1925년)
중일전쟁이 시작되자 황민화 정책은 정점에 달했다. 경성의 조선 신궁을 비롯하여 전국에 신사를 설치하여 강제 참배를 하게 했으며, 각 가정에는 '가미다나(神棚)'라는 신단(神壇)까지 만들어 아침마다 참배하도록 하였다. 신사참배는 학교 공식행사로 행해졌다.

오른쪽, 조선 신궁으로 오르는 도로(1925년)

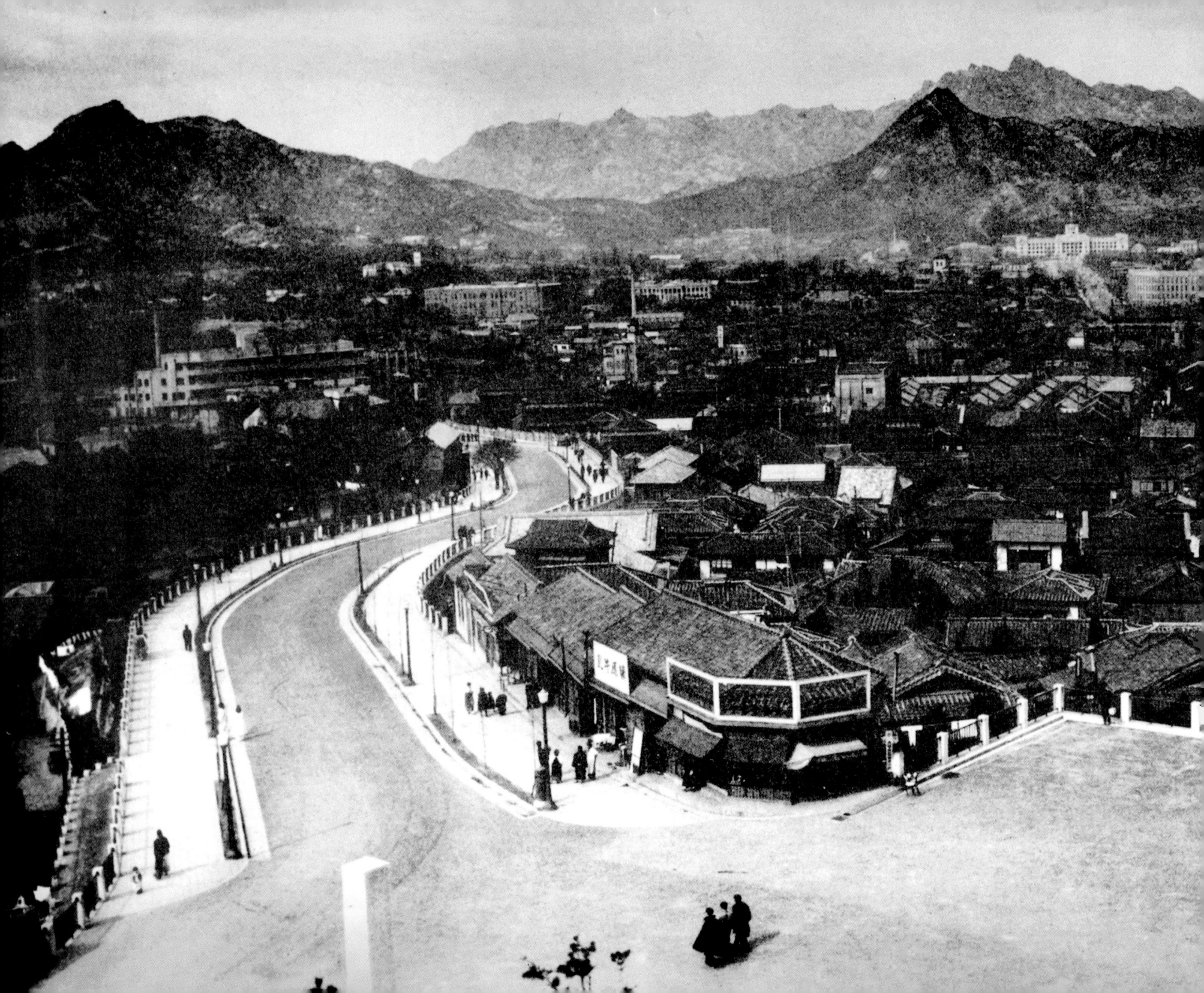

신궁 참배를 위한 도로 확장(1925년)
조선 신궁의 참배 도로 건설은 오래된 서울의 거리 모습을 바꾸어 놓았다.

청량리 부근

공사 중인 조선총독부 앞 도로

총독부 앞 도로

공사 중인 안국동 정류소 부근
아래, 종로

대한의원

종로 전차 정류소(1925년)

총독부 앞 중학동 부근

남산 아래 동네

'숭례문'이라는 현판이 걸린 남대문(1925년)

동대문(1930년)

조선총독부 앞 도로

남대문(1930년)

덕수궁

남대문 앞 거리

조선총독부 앞 거리

서대문 부근(서대문은 1915년에 철거되었다.)

돈화문 앞 거리

황금정(충무로) 교차점 부근(1930년)

13. 새로운 민족운동으로의 발전 - 6·10만세운동

새로 부임한 사이토 마코토 총독에게 폭탄을 던진 강우규는 시베리아에서 잠입한 민족주의자였다. 러시아 혁명 후 시베리아에 있던 조선독립군과 간도의 독립운동의 결합은 일본군과 경찰이 가장 두려워한 문제였다. 시베리아에서 들어온 사회주의사상은 청년회 운동을 통하여 착실히 뿌리를 내리고 있었다.

사회주의운동과 민족주의운동의 분화가 진행되었다. 양쪽 관계는 각기 커다란 과제였다. 1922년 모스크바에서 열린 동방자민족대회에 여운형, 김규식 등 비타협적인 민족주의자들이 대거 참가했다. 민족주의자들은 문화정치를 간판으로 내세운 조선총독부와 타협하는 그룹과 비타협적인 그룹으로 나뉘어졌다. 사이토의 문화정치와 충돌을 피하며 조선인의 자치권을 확대시키고, 조선인 기업의 제품을 적극적 구매했으며, 민족자본육성 등의 '민족개조'운동을 전개하는 것이 타협적 민족주의였다. 『동아일보』에 1924년 1월 2-6일자에 연재된 이광수의 '민족적 경륜'은 허락되는 범위 안에서 정치적·경제적·교육적 결사에 의한 '민족개조'을 도모한다는 내용이었다. 이런 민족주의운동에 대립하여 무산계급 해방이 급선무라 주장한 국내 사회주의자들은 타협적인 민족운동을 배척해야 한다고 노동총동맹, 청년총동맹 대회에서 주장했다.

'민족개조'운동에 대한 비판은 더욱 진전되어 비타협적 민족주의자와 사회주의자 사이에 제휴가 있어야 한다는 내용을 논의하였으며, 그 방법이 모색되기도 했다.

1925년에 조선공산당이 창건되자 국내외에서 민족주의가 리드해 왔던 여러 가지 독립운동은 사회주의로 기울어졌다. 노농총동맹, 청년총동맹, 1923년 4월에 결성된 조선 피차별 부락의 천민이 조직한 형평사(40만 명) 운동에도 사회주의가 뿌리내리고 있었다.

1923년 노동쟁의, 소작쟁의가 고양된 것은 새로운 사회주의사상을 가진 활동가에 의해 진행되었다.

1926년 6월 10일, 조선의 마지막 국왕인 순종의 장례식을 기해 제2의 3·1운동 대봉기를 준비한 것은 사회주의자들이었다. 일제 헌병과 경찰이 심어 놓은 그물망과 같은 스파이(밀정)에 의해 공산당은 제2차에 걸쳐 검거되었으나 학생들은 전단을 돌리며 선두에서 데모를 했다. 6·10만세운동 이후, 1928년 2월에 공산당 제3차 검거, 4월에는 제4차, 8월에는 제5차 검거를 당하면서 철저하게 탄압했기에 재건이 불가능할 정도로 궁지에 몰렸다. 경성지방법원에서 김재봉·박헌영 등 101명이 피고로 나선 제1차 공산당사건 공판에서는 일본에서 온 자유법조단의 후세 다쓰지와 후루야 사다오 변호사가 변론을 맡아 주었다.

그후 조선공산당은 비타협적 민족주의자와 제휴하여 쌍방이 동지로서 1927년 2월 15일 새롭게 통일전선 조직인 신간회를 창립했다.

획기적이었던 신간회는 기독교, 천도교, 불교, 유학자 등 종교관계 대표자, 언론출판계, 『조선일보』 대표 등 27명이 발기인이 되어 민족해방의 새로운 틀을 마련했다.

신간회는 당시 민족독립 혼을 가르치는 평안북도 정주 오산학교 교사였던 홍명희가 '고목신간(古木新幹)' 즉, 오랜 나무에서 새 줄기가 자라난다는 뜻으로 이름 지었다. 1929년 1월부터 시작된 원산 노동자총파업 지원, 8월 함경남도 단천 산림조합시행령 반대와 항의운동, 같은 해 11월부터 시작된 광주학생운동이 일어나자 민중대회를 계획하는 등 많은 간부들의 검거에도 굴하지 않고 폭넓은 투쟁을 하게 되자 200명이었던 회원이 4만 명으로 늘어났다. 다양한 계층의 사람들이 참가한 신간회는 조선민족해방투쟁사상 획기적인 궤적을 남겼다. 그러나 코민테른(국제공산주의)은 신간회가 차츰 우경화 경향을 보이자 민족개량주의 단체라고 규정하자 신간회 해산론이 대두되었고, 급기야 일본 관헌의 탄압으로 해산되고 말았다.

다시 한 번 3·1운동을!
1926년 6·10만세운동

1926년 조선의 마지막 국왕 이척(순종, 1874-1926)이 서거하자 6월 10일 인산일에 맞춰 다시 대규모의 항일독립운동이 일어났다. 그 중심은 1925년에 결성된 조선공산당이었다. 권오설이 책임자가 되어 천도교 청년회와 연희전문학생들과 연합하여 전국적인 민족운동으로 전개하려고 했으나 일제 경찰에 사전에 발각되어 실패로 끝났다. 그러나 체포를 면한 학생들은 황제 순종의 상여가 종로 단성사 앞을 통과할 때 양쪽에 있던 2만 명의 학생과 30만 명의 군중에게 전단을 뿌리며 만세를 부르기 시작했다. 강우규의 폭탄투척사건 이후 일본 헌병·경찰의 경계는 군중의 맨 앞에 서서 군중을 바라보는 방식으로 바뀌었으며, 이로 인해 1만 명의 경관에게 체포된 학생들의 수는 260명이나 되었다.

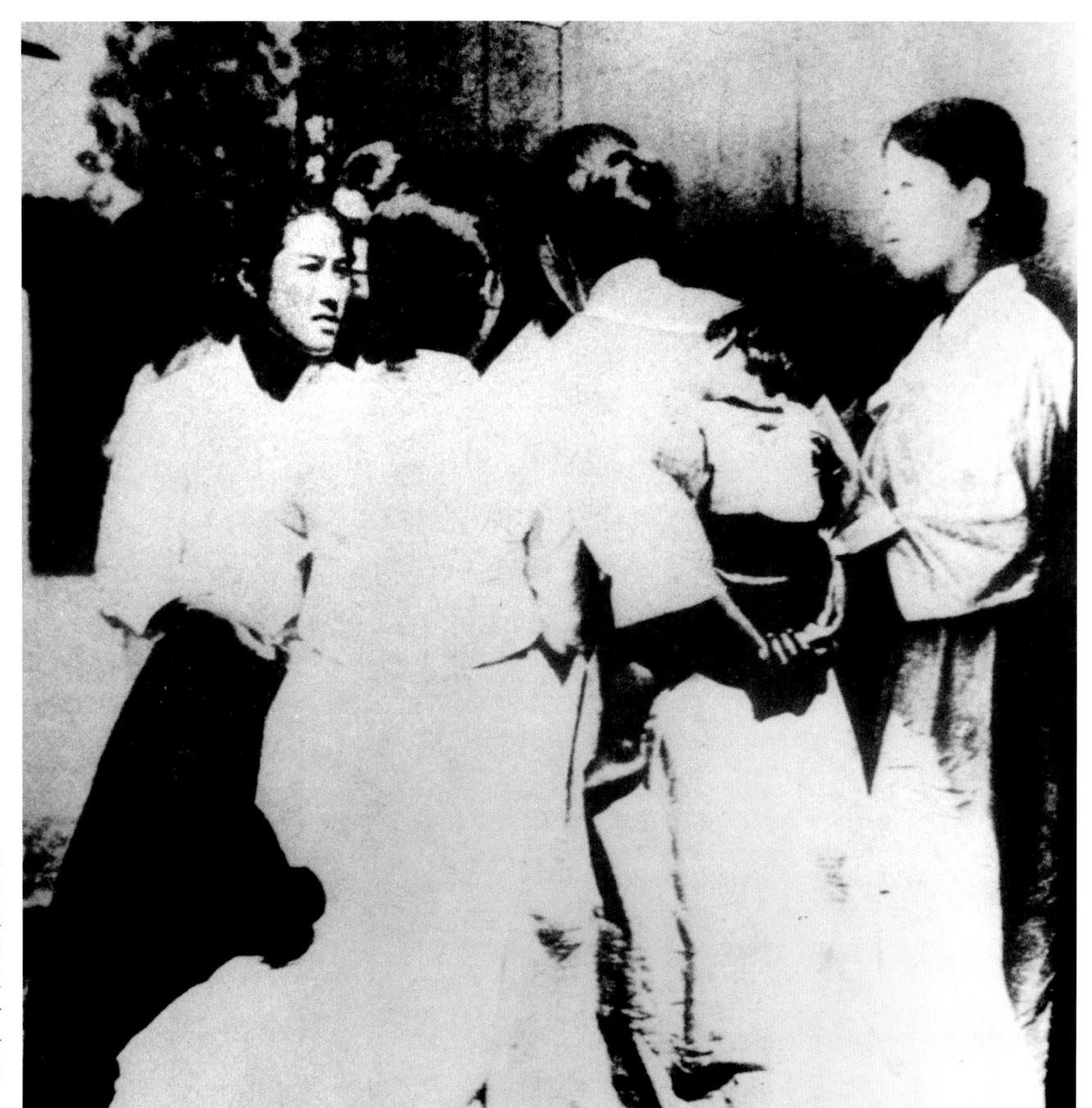

법정에 몰려든 피고의 아내들

1925년 3월 7일 일본 의회가 보통선거법과 함께 가결시킨 치안유지법은 해방의 날까지 20년간 조선과 재일조선인에게 맹위를 떨쳤다. 조선에서는 칙령으로 시행이 결정되었는데 치안유지법 제1조 '국체를 변혁시키는…'을 확대 해석하여 조선의 독립운동의 모든 것에 대해 확대 적용시켰기에 정치범이 증가했다. 독립운동, 사상운동에 참가한다는 건 죽음을 각오해야만 했으나 사상범은 사회적으로 높은 존경을 받았으며, 사상범의 가족에 대한 지원도 적극적으로 이루어졌다.

후세 다쓰지(布施辰治. 1880-1953)

법률학교 학생 때 '조선의 독립운동에 경의를 표함'이라는 논문을 쓴 후세 다쓰지는 일본 경찰의 취조를 받았다. 후세 다쓰지는 24시간 동안 감시당하고 집주인이 집을 빌려 주지 않는 등 수없이 많은 차별대우를 받는 사회적 약자인 조선인의 처우에 분개하여 조선인을 변호하는 변호사로서 활동했다. 3·1운동 때 도쿄, 오사카 집회에 참가하여 검거된 조선인의 변호에 분주했다. 조선독립 결사 '의열단'의 변호를 위해 서울로 온 그는 강연회에서 "덕을 쌓는 자는 번성하고 힘을 좇는 자는 망한다"라고 호소했다. 그후에도 조선인의 변호를 위해 현해탄을 건넜으며 조선의 천민차별철폐를 위한 단체인 형평사 운동에도 참여했다. 또한 동양척식회사에 의한 토지 수탈이 진행 중일 때 농민들을 위해 토지반환소송을 제기하여 총독부의 행위를 합법을 가장한 사기 행위로 규정지었다.

야나기 무네요시(柳宗悅)

일본 민예연구의 선구자, 야나기 무네요시는 조선총독부의 정책에 대한 비판이 일절 터부시된 시대에 위험을 무릅쓰고 용기 있는 의견을 발표해서 많은 사람들에게 깊은 감명을 주었다. 야나기 무네요시는 3·1운동에 대한 일본의 군대, 경찰의 탄압이 가져온에 참상을 깨닫고 침묵은 죄악이라고 생각하여 의견을 공표했다.

야나기 무네요시의 가슴 속에는 조선 문제에 대한 분노와 조선 예술을 사모하는 마음이 소용돌이쳤다. 서울 경복궁 앞의 광화문을 철거하려는 조선총독부에 항의하며 「사라지려고 하는 조선 건축물을 위해서」라는 글을 1922년 9월 『개조』에 발표했다. 나중에 '문화정치' 간판 아래 이루어진 조선총독부의 계획은 변경되어 광화문은 다른 곳으로 이전해 보존되었다. 1984년에 한국 정부는 생전의 공적을 기려 그에게 문화훈장을 추서했다.

만보산사건

일제가 조선을 식민지화한 이래 많은 농민이 토지를 잃고 '만주' 등지로 이주하였는데 1931년 '만주' 창춘현 지역의 조선인 농민들도 마찬가지로 고향의 토지를 빼앗기고 이 땅으로 와서 개척을 시작했다.

조선인과 중국인의 대립은 수로의 문제를 둘러싼 충돌로 시작되었다. 창춘 교외의 만보산에서 조선인 농민이 힘들여 완성시킨 수로를 7월 2일 중국인 농민이 파괴하는 사건이 일어났다.

사진 아래쪽으로 만보산 부근 조선인의 움막 지붕이 보인다.

만보산사건 이후의 불안한 표정의 조선인 부녀자들

만보산사건

만보산사건 이후 일본은 신문의 호외까지 발행하며 조선인과 중국인을 대립시켰다. 조선민족의 순진한 민족감정을 자극하여 조선 내에 거류하는 중국인을 적대시하는 운동을 도발시킨 것이다. 이 때문에 평양의 중국인 상점에 있는 물건이 거리로 내팽개쳐지는 등 사망자 127명을 내는 대참사가 일어났다. '만주'에서도 조선인 농민은 위험해졌다. 조선인들이 길림의 일본영사관으로 피난하는 등 대소동이 일어났다. 이 사건은 나중에 일어난 '만주사변'과 무관하지만은 않다. 일본의 신문보도가 의도적이었다는 걸 안 서울의 『동아일보』는 유언비어에 속지 말도록 하기 위해 만주에 있는 동포의 안주를 기사화했다.

만보산사건은 중국 동북지방에 이주한 조선인을 또다시 중국 대륙 침략에 이용하기 위한 구실을 만들기 위한 사건으로, 일제의 술책에 의해 순진한 조선인 농민과 중국인 농민이 벌인 유혈사태였다.

사건 발생지에 급파된 일본인 경찰관

14. 전국토의 감옥화 – 조선의 형무소

조선총독부의 헌병과 경찰은 모든 권력을 집행할 수 있는 절대자였다. 헌병들은 범죄즉결령에 의해 검사이기도 하고 재판관이기도 했기 때문에 검거를 당하는 조선인이 많아졌으며, 아무리 감옥을 만들어도 부족하기만 하자 함석판으로 형무소를 짓기까지 했다. 외사계 경찰과 신설, 소년형무소 증설 등 조선 전체가 감옥화되었다.

일제강점기의 상징인 서대문형무소는 총면적 33만 평방미터, 높이 6-7미터인 콘크리트 담장이 길게 이어졌다. 이 옥사는 1908년 조선통감부(이토 히로부미 통감)가 정치범 수감용으로 세웠던 것이다. 붉은 벽돌로 지어진 9동은 일제강점기 독립운동의 상징이었다. 1919년 8월, 3·1운동 후에 제3대 조선 총독으로서 부임한 사이토 마코토에게 폭탄을 던진 강우규가 이 형무소에서 처형되기 직전(1920년 11월 29일)에 자신의 이름과 날짜를 독방 마룻바닥에 새기고 처형대에 올랐다.

조선총독부는 3·1운동 중에 '정치에 관한 범죄처벌의 건'을 제정하여 독립운동을 탄압하였으며, 이후 치안유지법에 의해 모든 독립운동을 탄압했다.

전쟁 전의 일제 악법인 치안유지법이 1925년 3월 7일에 일본 의회에서 가결되어 시행되었는데 조선과 대만에서도 시행되었다. 1928년에는 동법 제1조인 '국체를 변혁시키고 사유재산제도를 부인한다'라는 '국체변혁' 조항에 사형이 도입되었다. 조선에 적용된 것은 모든 독립운동을 '국체변혁' 조항으로 확대해석하여 적용하여 많은 독립운동지사들이 사형대에서 이슬로 사라졌다. 통일전선적인 민족단체인 신간회에도 확대 적용시켜서 1928년부터 10년간 치안유지법을 적용한 무기징역은 일본에서는 1명에 지나지 않았는데 조선에서는 39명이나 되었다. 조선인 사상범들에 대한 처벌은 엄격했으며, 서울 서대문형무소에서는 사망자, 또는 고문에 의한 중상자가 속출했다. 그러나 잔혹한 고문에도 불구하고 애국지사들은 서대문형무소를 드나드는 것을 명예로 생각하였다.

3·1운동의 유관순도 서대문으로 보내졌으나 옥중에서 밤낮으로 '독립만세'를 외치며 전향에 응하지 않았기에 잔혹한 고문을 당했다. 사형 집행 후 고문으로 인한 그녀의 상처가 세상에 알려지는 것을 두려워한 형무소 측은 유족에게 사체를 인도하지도 않았다.

일제 헌병이 가장 두려워했던 대상으로는 두만강에 인접한 간도의 독립운동가들이었다. 1930년 겨울부터 간도 일본총영사관 경찰은 조선공산당원의 대검거를 시작해 22명에게 사형을 내렸다. 사형을 받은 사람 중에서 박익변과 같은 방에서 생활을 했던 이소가이 스에지는 "일반적으로 사형수라면 의기소침해서 식음도 전폐하며 고뇌하는 사람으로 상상하지만, 내가 함께 있었던 박익변은 우리들보다 명랑했다. 그 이유는 자신들은 꼭 해야 할 일을 했으며 그것으로 만족한다, 나중 일은 천명에 따른다는 것이었다."

이소가이 스에지는 『조선종전기』에서 "자유란, 권력을 무기로 하여 자신이 생각하는 대로 제멋대로 하는 것이 아니다. 그것은 머릿속으로 생각하는, 지식으로 배우는 것과는 다르다. 진정한 자유인, 그것은 그의 영혼이 최대의 양심을 위해 싸움에 직면했을 때, 교수형으로 죽인다고 공갈을 치더라도 지배나 속박도 받지 않고 굴복도 하지 않는 인간을 말하며, 영혼의 자유란 자기를 그런 상태로 유지시킬 수 있는 자질이라고 나는 생각한다"고 썼다.

1912년에 건립된 경성감옥(서대문형무소). 1922년에 벽돌로 개축되었다.

형무소 내부

옥중의 사상범

서대문형무소 재소자 벽돌공장은 형무소의 남쪽에 있었고, 15,000평, 1일 평균 200명이 노동을 했다.

독방

서대문형무소

일제강점기 일본이 서울에 세운 형무소이다. 초기 경성감옥을 서대문감옥으로 개칭하고 나중에 서대문형무소로 다시 개칭했다. 서대문형무소는 경무고문 마루야마 시게토시가 모범감옥으로 설계한 목조건물을 1916년에 개축했다.

서대문형무소 기계 공장

충청남도의 대전형무소
부지 34,000평. 1919년 장기수 형사용 감옥으로서 설계 신축

광주형무소를 탈주한 사상범을 체포한 일본 경찰의 기념사진(1934년)

전라남도 광주형무소
아래, 광주시를 가로지르는 광주천 전경

경상남도 마산형무소

경상북도 대구형무소

형무소 운동장

제주도 지소

전라남도 목포형무소

아래, 교육받는 옥중의 사상범들

황해도 해주형무소

평안북도 신의주형무소

강원도 춘천형무소

전라북도 군산형무소

충청남도 공주형무소

옥중의 수인들

구 공주형무소
벽은 벽돌로 둘러싸고 높이는 3미터였다. 구 공주형무소 감방 안에는 화장실도 없었다.

고문대

사상범들에게 견디기 힘든 고문대가 사용되었다. "1912년 12월 30일 훈령 제40호 태형 집행에 의해 수형자를 형판에 묶고서 수형자의 비명이 밖으로 들리지 않도록 입을 천으로 묶고 둔부를 노출시킨 후 매를 때린 아주 잔혹한 형벌이었다"(야마베 켄타로, 『일본통치하의 조선』, 이와나미 신서).

운동 중인 사상범들

15. 일본군의 국경 경비와 독립운동

함경북도 국경 제1선의 경찰 배치도

결빙된 두만강에 집결한 함북 회령 주둔 일본군(1914년)

서울 동양척식회사 습격사건
희생자들의 장례식(1923년)

"조선과 중국의 국경인 두만강, 압록강 연안은 독립운동의 근거지였으며 일제 헌병과 경찰은 토벌작전을 펼쳤다. 3·1운동 후인 1920년부터 25년에 걸쳐 5년간 3,929회의 전투를 전개했다.

1932년 3월 1일의 만주국 건국 이후 국경 부근의 단속이 심해져서 가정에서 사용하는 요리용 칼조차 열집에 1개만 허가할 정도였다"(우사미 세이지로, 「만주침략」,『일본역사』 이와나미 서점).

일본군은 조선인과 중국인을 대립시켰고, 식료품에도 차별을 두었다. '만주사변'이 일어나자 '간도 출병'을 대대적으로 진행함과 동시에 두만강 연안의 경비는 더욱 강화되었으며, 그들의 엄격한 수비 생활을 격려하는 천황의 칙사가 전선을 순찰했다.

이번 장의 사진은 1933년(쇼와 8년) 평안북도, 함경북도의 경관부에 의해 촬영되어 앨범으로 제작해서 배포되었는데, 이는 격려 차원으로 사용했다. 국경지대에서의 독립운동을 일본군이 얼마나 두려워했는지를 잘 알 수 있다.

1943년 이마이 타다시 감독이 제작한 「망루의 결사대」는 총독부의 자금과 일본의 토호영화회사 출자로 만들어진 영화로 압록강이 생명선이라는 국경의식과 '공비' 토벌작전을 그린 영화였다.

1929년 원산의 노동자총파업, 광주학생운동과 함께 국경지방의 독립운동은 활발해졌다. 3·1운동 이후 두만강 북쪽으로는 많은 조선 농민이 이주해 왔다. 두만강을 건넌다는 것은 독립운동 거점을 목표로 합류한다는 의미가 있었다.

조선 최초의 역작이라 일컬어지는 민족영화 「아리랑」(1926년)을 제작한 나운규는 2년 후 「두만강」 제작에 들어갔다. 그는 함경북도 회령 출신으로 미션계의 신흥중학교를 졸업하기 직전에 간도 조선독립군 양성학교라고 할 수 있는 명동중학으로 전학하여 재학중에 3·1운동의 소용돌이에 참가했다. 이 체험을 살린 자신의 첫번째 공전의 히트작을 등에 업고 「두만강을 넘어서」를 찍기도 했다. 북간도로 이주한 구대한제국군의 생활과 독립운동은 나운규의 발자취이기도 했다. 조선총독부는 시나리오의 사전 검열을 2번이나 했으면서 「저 강을 넘어서」라는 제목으로 바꾸어도 허가하지 않았다. 결국 「사랑을 찾아서」라는 제목이 되었다. 내용은 검열의 가위질로 엉망이 되었으나 14개의 나운규의 작품은 민족독립의 불을 지폈다. 민중은 커트 당하고 상처 난 필름에도 많은 성원을 보냈다.

북간도는 "이름을 불러 보아도 피가 끓어오르는 곳이다"(이강훈). 간도에는 길림성을 근거지로 한 김좌진 장군이 이끄는 북로군정서군과 의병장 홍범도의 대한독립군이 활약하고 있었다. 그들 독립군은 두만강, 압록강을 넘어서 국내로 진공작전을 집요하게 전개했다. 1919년 8월 함경남도 갑산, 혜산의 공격, 일본군과의 장렬한 전투에 의한 희생자의 비석이 국경 연안에 많이 세워졌다. 간도 출병 일본군이 집중 공격한 화룡현 삼도만(청산리)전투에서 일본군은 독립군에게 대패했다. 1920년 7월 홍범도 장군의 독립군에 의해 타격을 받은 '벽오동'전투 이후 일본군이 생각해 낸 작전은 일본군이 마적을 토벌한다는 명목으로 중국 길림성(吉林省) 훈춘의 우리나라 교포와 독립운동자들을 대량 학살한 '훈춘'보복 사건이 있었다. '훈춘사건'은 다음과 같다.

중국 간도 지방의 항일 근거지를 근절하기 위해 1920년 9월 12일과 10월 2일에 일본군은 구 '만주'의 마적단을 매수하여 훈춘의 일본영사관을 공격하여 9명의 일본인 영사관원을 살해하는 모략사건을 일으켰다. 이 '보복'을 위해 10월 5일, 일본군은 함경북도 경찰대와 함께 관동군을 훈춘으로 출동시켜 총살하고 불태우는 등 대학살을 저질렀다. 당시 간도사범학교 생도였던 이강훈은 "당시 일본군이 돌아간 후 혼자서 불탄 시체 8구를 파냈던 일을 증언하고 있다"(『동아일보』 1982년

8월 6일자).

그러나 간도의 독립운동은 함경남도 갑산, 혜산 같은 국내 침공작전을 반복했으며, 지하조직이 검거될 때까지 십수 년간 활동을 계속했다. 조선공산당 만주총국이 결성(1926년 5월)되자 간도공산당 사건이 일어났다. 1930년 5월 1일 메이데이를 기해 일어난 간도 5·30봉기는 용정에서 화룡·연길 일대까지 확대되었으며 정치적 목적을 달성하기 위해 암살·파괴 등을 수단으로 하는 우익세력의 테러인 백색 테러와 일본 군경으로부터 안전한 소비에트=해방지구 건설로 연결되었다. 인민혁명정부로 발전한 간도 소비에트 정부의 조선 국내에 대한 영향력이 커지자 일제는 평안북도, 함경북도의 경찰력을 강화시켰다. 두만강뿐만 아니라 압록강에 세운 망루 건설에 많은 자금과 인원을 동원시켰으며 특히 '내지'의 깡패와 스파이 노릇을 하는 헌병보조원의 역할을 할 수 있는 조선인들을 다수 배치시켰다.

망루는 사방이 성벽으로 되어 있고 정문을 향한 주석 관저가 있었으며 나머지 3개 동은 경찰관들의 관사로 사용했다. 성벽 네 귀퉁이에도 작은 망루가 있었으며 높이 4미터 전후의 원형, 또는 각형이 있었고 그중에는 10미터 이상이나 되는 것도 있었다. 성벽의 사무소와 망루는 지하도로 연결되어 있었다.

1943년 '북쪽을 지켜서 대동아공영권에 만전을 기하자'라는 목적으로 만들어진 이마이 타다시 감독의 「망루의 결사대」 현지 촬영은 1년이라는 장기간에 걸쳐 진행되었으며 망루 세트 하나를 세우는데 당시의 돈으로 20만 엔이 넘게 들었다고 한다.

하지만 간도의 조선인 농민과 지하 비밀 '터널'로 연결된 '공산비적' 토벌은 성공하지 못했으며, 일본군은 '농민과 비적들을 분리'시키고 '빨치산과 농민들을 분리'시켜서 군량을 수송하는 길을 막으려고 했다.

간도 빨치산의 과감한 투쟁은 15년 전쟁과 함께 사방이 차단된 상황으로 몰린 일본 민중에게도 커다란 자극제가 되었다.

고지 출신인 젊은 시인 마키무라 코는 '만주사변'이 일어난 해 10월에 「간도 빨치산의 노래」를 발표했다. 26살에 감옥에서 요절한 청년 시인 마키무라는 일본 신문에 '공산비적'으로서 단편적으로 보도된 짧은 기사를 스크랩하며 조선의 역사, 풍토, 문화, 언어를 연구했는데 이 시는 간도 빨치산의 이미지의 결정체였다.

"생각은 나를 고향으로 이끈다/백두의 영을 넘고 낙엽송의 숲을 건너/갈대의 뿌리가 검게 얼어붙은 늪 건너편에/…" 총 181행의 장편 서사시의 작가를 조선인이라고 생각한 사람도 적지 않았다.

독립군 병사

나룻배로 두만강을 건너는 일본 경찰

국경을 순찰하는 기마분대

오른쪽, 국경 경비병의 검문. 후방 건물에 숨어 있던
독립군 병사가 때때로 사격을 가해 왔다.
아래, 국경을 넘는 사람들을 검문하는 일본군

검문·검색중인 일본군 국경 경비대

화물 검색

신의주 함화주재소(강 건너편은 안동시가)

압록강·삼강출장소

기마분대원이 독립군 용의자를 검문하고 있다.

통행자를 검문 중인 일본군

사격훈련 중인 일본 경찰의 부인들

평안북도 위원에서 훈련받는 경찰관 부인들

두만강 하류 훈춘 건너편 신아산에서 경찰관 부인회의 권총사격 훈련

검문소 경비병이 건너편 훈춘 쪽을 경계하고 있다.

기암 사이를 지나가는 경비병

경비 경찰관과 그의 가족

국경을 순찰하는 경비병

간산경찰서의 조선 독립군 토벌 자전거부대

홍암주재소 전경, 뒤로 흐르는 강은 두만강 지류

검문 중인 일본군 국경 경비대

유랑하는 가족을 검문 중인 일본군 국경 경비대

검문 중인 두만강가의 일본군 국경 경비대

두만강을 순찰하는 경찰 기마분대

'홍창회' 무기
일본군은 항일무장세력인 중화민국 출범 이후, 화북의 농촌지역에서 조직된 민간의 자위적인 무장단체 '홍창회'를 비적으로 칭하고 중국 군인 겸 정치가인 장학량과 구별했다. 무기로 쓰는 창에 빨간 술을 달았다고 하여 '홍창회'라고 하였다.

함경북도 무산에서 체포된 독립군의 무기와 휴대품

1934년 12월 국경 특별 경비대 결성
아래, 평안북도 삭주에서 훈련 중인 국경 경비대

함경남도 신갈 순찰국

평안북도 벽동서 음평출장소. 하류 건너편 석계자는 지방 요지로 독립군의 활동이 활발했다.

함경남도 나난보의 압록강 상류, 계관라자(鷄冠羅子)의 기암

국경 경비

위, 창동자경단 앞으로 강제 소집된 젊은이들
아래, 주재소 경찰관과 그들의 가족

검문 중인 국경 경비대

결빙기 국경의 유일한 수송수단

청수주재소의 망루

용당강(龍堂江) 강변에서 독립군에게 살해된 모리타·긴료 부장의 추모비

16. 중국 동북부에서의 항일무장투쟁

중국 간도의 독립운동 세력을 근절하기 위해 일반 주민을 대량학살한 1920년 10월 이후 "독립전쟁은 좌절되었고, 무장부대가 북진하고부터는 북간도에서의 항일운동은 지하로 들어갔으며 이론과 조직은 민주주의·사회주의·공산주의로 바뀌는 경향이 날이 갈수록 강해졌다"(이강훈, 『항일독립운동사』).

이 시대의 경향은 학생·교육자·지식인 들에게 널리 퍼졌다. 사회주의적 운동으로의 전환과 함께 일본영사관의 음모는 한층 더 교묘해졌다. 일본군과 경찰은 이 지역을 '빨치산' 사상의 양성지로서 탄압을 집중시켰다. 백 명의 조선인을 죽이면 그 중 한 명의 공산주의자가 있다는 것이 일본군의 생각이었다.

인적이 없는 숲이 많고, 복잡한 지형을 이용한 간도 빨치산은 강인한 민족독립정신으로 무장했다. 당시 일본인 저널리스트에게 있어서 '간도는 조선민족 음모의 근원지'로 생각되었다. 간도 취재를 계획한 가이조샤(改造社) 사장 야마모토 사네히코에게 '간도는 위험하니까 가지 말'라고 만류한 사람들도 많았다. 실제로 그 때는 공산당·반정부군·반일군이 합류하여 용정 국자가(局子街)조차 위험한 시기였다고 할 정도로 간도는 해방 코뮌이었다. "간도 전체가 공산당이라고 들었다"고 할 정도였다. 야마모토는 용정의 대성중학을 보고 국자가로 향했다. "길거리의 전주, 돌에는 붉은 전단이 붙어 있었는데 타도 일본제국주의라는 선전문이 질릴 정도로 붙어 있는 걸 보았을 때 이미 적지에 있다는 느낌이 들었다"(야마모토 사네히코)라고 여행기에 썼다.

이 시기 '만주사변'이 시작되어 동만주 일대 항일 빨치산 투쟁은 드높아졌다. "반동지주 타도, 소작료 인하" 투쟁은 무장한 빨치산에 의해 "권총으로 위협하여 소유지를 모두 제공받고 소지한 돈을 강제로 희사하게 한다"(야마모토 사네히코, 앞의 책)는 케이스도 있었고 수만 명이나 되는 농민들의 집단행동은 토지개혁으로까지 이어졌으며 해방지구는 확대되었고 스스로를 지키기 위한 무장 '적위대'가 조직되었다.

이들 무장대가 동북인민혁명군과 합류하여 코민테른의 '일국 일당' 방침 아래 중국공산당에 편입되었다. 동북인민혁명군 제1사단, 제2사단과 제3사단의 창설시 간부는 농민운동 출신의 조선인이 많았으며, 각 사단은 간도 빨치산 출신의 조선인이 중심이었다. 야마모토 사네히코는 인민군은 중국공산당의 직접적인 지령을 받고 있으나 "실제 권력의 주체는 간도 주재의 조선인이다"라고 주목하고 있다. 따라서 "중국 인민과 함께 항일투쟁을 했다고 하더라도 그들의 가장 첫번째 관심은 조선혁명이었다는 사실은 말할 것도 없다"(강재언, 『일본에 의한 조선 지배 사십 년』).

1936년 '만주'에서 일어난 항일통일전선으로 재만조선인 조국광복회가 결성되었다. 박달·박금철 등은 조국광복회의 국내 조직인 조선민족해방동맹에 개편되었다. 함경남도 갑산공작위원회(지하조직)는 때때로 조선에 잠입하여 활동했다. 그러나 일제 경찰에 의해 1938년 9월 검거되어 권영벽·이제순·박달 등 6명이 사형 당했으며, 박금철 등 4명이 무기, 166명이 유죄 판결을 받았다(혜산사건). 이렇게 하여 최대 지하조직은 와해 상태가 되었다.

동북항일 제1로군 경위여단 대원(1939년 여름 촬영)

돈화동 남쪽 약 25킬로미터 지점 항일군 근거지에서의 최현

동북항일 제1로군 여성부원. 여성들도 무기를 들고 항일 빨치산으로서 싸웠다.

제2방면군장 김일성. 둘째 줄 가운데 인물

체포된 독립군. 앞줄 왼쪽부터 미상, 서인홍(25살 사형), 황남순(26살 6년), 박녹금(불기소). 뒷줄 왼쪽부터 미상, 장증열(27살 8년), 박금철(31살 무기), 이제순(32살 사형)

체포된 독립군. 앞줄 왼쪽부터 허덕성, 김사련, 김헌기. 뒷줄 왼쪽부터 허극준, 이명수, 심창백

혜산사건으로 체포된 독립투사들

중국공산당의 8·1선언에 준하여 동북반일구국총회가 발족. 만주성위원회는 항일민족통일전선의 결성을 지시, 김일성 부대는 1937년 봄에 갑산공작위원회 조직원 박달의 지하조직과 함께 보천보를 공격했다. 혜산 경찰은 499명을 체포, 재판에 회부한 자만 167명이었다.

체포된 독립군. 앞줄 왼쪽부터 김사남, 천길돌, 훈병광, 최병윤. 뒷줄 왼쪽부터 미상, 한윤득, 박승률, 김실균

아래, 1937년 10월 10일 아침, 만주국 장백현에서 체포된 항일연합군 제6사단 조직과장 김창만, 권영벽 외 일동

주요 간부들의 1941년 판결시 연령과 형기

이제순(본명 이동석 32살 사형), 맹장석(39살 3년), 최인철(불기소), 김석태(22살 4년), 조신제(30살 3년) 허봉준(불기소), 김재일(불기소), 김태국(본명 김윤덕 24살 15년), 황금옥(본명 황남순 26살 6년), 종영권(불기소), 서응진(본명 서인홍 35살 사형), 김창만(본명 권영벽 33살 사형), 이창영(불기소), 김동근(본명 김귀인 42살 3년), 김주현(본명 김주현 29살 15년)

만주국 장백현 산속에서 싸우다 체포된 항일연합군 제6사단 부원 지인환 외 3명.
앞줄 가운데 왼쪽부터 조병희(본명 조개구, 47살, 15년), 지인환(본명 지태환, 40살, 사형), 김삼손

위, 체포된 박금철 조선민족해방동맹 출판부·경제부의 책임자. 기관지 『화전민』을 발행. 1937년 10월 제1차 검거 때 체포되었다.

박달 조선민족해방동맹의 정치부·쟁의부 책임자. 1937년 5월, 장백현에서 제6사단장 김일성과 만나 중국공산당에 입당, 보천보전투에서 60여 명을 이끌고 싸웠으며 1938년 9월 검거되어 사형선고를 받았다. 서울 서대문형무소에서 병가로 인해 집행 연기를 한 채 8·15해방을 맞아 월북했다. 1960년 4월에 사망.

체포된 박달(혜산사건)

1936년 5월 '만주'에 대한조선인 항일통일전선 '재만한인조국광복회'가 결성되어 지하공작원을 함경남도 갑산으로 파견. 박달과 박금철의 갑산공작위원회 활동으로 일본 경찰은 혈안이 되어 추적, 1937년과 1938년 검거로 499명이 체포됨. 박달·이제순 등 6명은 사형, 박금철 등 4명이 무기, 166명은 유죄 판결을 받았다.

체포 직후의 박달

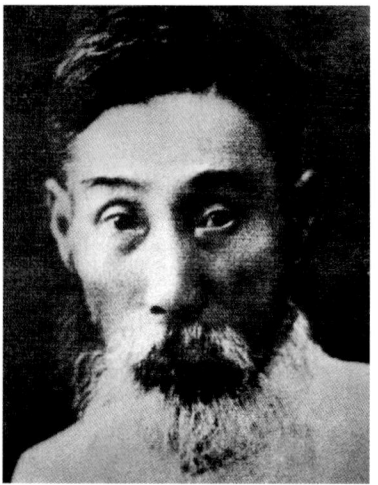

김상옥　　　　　　　　양기탁　　　　　　　　조만식

김상옥 1923년 1월 12일 서울 종로경찰서에 폭탄을 투척한 김상옥은 일제 경찰을 피해 있던 중 수백 명의 무장경찰에 포위당했으나 종로서 유도사범 다무라 형사부장을 권총으로 사살한 뒤 포위망을 뚫고 남산 쪽으로 도망쳤다. 상하이로 도망치려던 김상옥의 동정을 알게 된 일제 경찰은 1월 22일 새벽 4천 명의 경찰을 동원. 3시간에 걸쳐 총격전을 벌였으나 결국 김상옥은 최후의 한 발로 자결했다(34살).

양기탁 1904년 영국인 언론인과 함께 『대한매일신보』를 창간하였다. 일본 정부의 차관을 대중적 모금으로 되돌려 주자는 운동을 전개해 체포된다. 그후 윤치호를 회장으로 한 비밀결사 신문회에 간부로서 참가, 독립운동의 근거지 건설을 위해 활약했으나 1911년부터 시작된 '데라우치 총독 암살미수사건'-105인 사건에 의해 체포·투옥된다. 출옥 후 중국 동북으로 건너가 독립운동에 참가하여 상하이 임시정부 간부로 활동하다가 장쑤성에서 병사하였다.

조만식 평안남도 강서 출신. 1913년 일본의 메이지 대학을 졸업. 3·1운동으로 체포·투옥되었다가 출소하여 조선물산장려회 회장을 역임. 1932년 조선일보 사장으로 취임, 동화정책에 철저하게 항의하여 신사참배를 거부하는 민족주의자였다. 해방 후 평안북도 건국준비위원, 북조선 정치국 위원장을 역임, 1946년 조선신탁통치에 반대운동을 주관하다가 1946년 평양 고려호텔에 감금된 뒤 6·25전쟁 중 살해되었다.

안창호의 출옥을 마중 나온 여운형과 조만식

1932년 상하이 훙커우 공원의 윤봉길의 시라가와 대장 폭살 사건으로 체포된 안창호가 4년형을 마치고 대전형무소에서 출옥했을 때 찍은 기념사진. 여운형은 독립운동가로서 1918년, 상하이에서 신한청년당을 조직, 3·1운동이 일어난 다음 달, 대한민국 임시정부 수립에 참가. 1929년 체포되어 3년 복역 후 조선중앙일보 사장에 취임. 1936년 베를린 올림픽에서 마라톤에 우승한 손기정의 가슴에서 일장기를 지운 사진을 게재하여 보도한 이유로 신문은 폐간되었다. 해방 후 1945년 9월에 조선인민공화국의 주석으로 취임했으나 1947년 이승만파의 자객에 의해 암살되었다.

대전형무소에서 출옥한 안창호를 마중나온 조만식(가운데)과 여운형(왼쪽)

독립운동을 이끈 사람들

안창호(1878-1938)

안창호는 평안남도 강서에서 농민의 아들로 태어났다. 독립협회를 조직하여 애국계몽운동에 힘썼다. 22살에 미국으로 건너가 공립협회를 설립, 한인공동협회를 만들어 『공립신보』를 발행했다. 재미동포들의 권익보호와 생활향상을 위해서 노력했다. 1907년 귀국. 비밀결사 '신민회'를 조직, 배일구국 교육과 상공업 진흥에도 활약하기 시작했다. 평양에 대성학교를, 서울·평양·대전에 태극서관을 세워 출판사업을 벌이고 청년학우회를 조직하여 민족지도자 양성에 힘쓰는 등 다방면의 활동을 전개해 나갔다. 3·1운동 직후 상하이로 가서 임시정부 조직에 참가하여 내무총장·국무총리대리·노동총장 등을 역임했다. 민족의 정신혁명을 주장하고 흥사단을 조직. 1937년 중일전쟁이 시작되자 회원이 모두 검거되어 흥사단은 해체되었다. 대전형무소에서 출옥하여 2년 후 동우회 사건으로 서대문형무소에 재투옥되었고, 병보석으로 풀려났다. 경성대학병원에 입원 중 1938년 3월 10일, 61세로 세상을 떠났다.

대한민국 임시정부와 광복군 - 중국 본토에서의 무장투쟁

1919년 3·1운동 직후에 성립된 상하이 임시정부(대한민국 임시정부)는 상하이 홍커우 공원에서 윤봉길 의사 폭탄투척사건 이후 중국 각지를 전전하였다. 1940년 4월에 충칭으로 청사를 옮기며 광복운동을 전개하였다. 임시정부는 중국 국민당 정부와 대일공동작전을 위한 광복군 창설 문제를 협의하였고, 1940년 9월에 광복군 총사령부를 설립했다.

1942년 4월에는 김원봉을 총대장으로 한 조선의용대(1938년 10월에 결성)가 광복군에 편입되어 김원봉은 이청천 총사령 하의 부사령이 되었고 제1지대장을 겸임했다.

중일전쟁이 태평양전쟁으로 확대되자 1941년 12월 10일, 임시정부는 대일선전포고를 하고 이를 미영중소 4개국에 전달했다.

임시정부는 영국군의 대일본군 공작에 협력하기 위해 한지성 등 13명을 추천해 공작대원으로 파견했다. 또한 광복군 제2지대는 서안에 두었고, 제3지대는 부양에 두었으며, 미군의 협조를 받아 조선 국내로 진출하기 위해 3개월 동안 특수훈련을 완료하고 김구 등 임시정부요원이 서안 제2지대를 참관했을 때 일본이 무조건 항복한 사실을 알게 되었다(강재언, 『조선근대사』 참조).

안창호와 그의 동료들(1915년 로스앤젤레스에서)

한국광복군총사회부 총무소 직원 일동

한국광복군 제5지대 성립기념(1941년)

한국광복군 제3지대 성립기념

한국광복군 청년공작대 재만 각 기관 대표(1935년)

1932년 봄, 조선 민중의 습격을 받은 화룡현의 일본 경찰서

중국해방군에 입대하는 재만 조선인 청년들

만주사변 이후 중국공산당은 1933년 1월 26일 '만주 각급 당부 및 전 당원에게 보내는 편지-만주 상황과 우리 당의 임무'를 통지했다. 이 지시에 의해 각지의 분산적인 게릴라를 결집하여 동북인민혁명군을 결성. 9월 18일, 동북인민혁명군 제1군독립사가 성립. 다음 해 1934년 제2군독립사가 성립, 동북인민혁명군 제2군으로 발전하였으며 제1, 제2군에서는 다수의 조선인이 활약했다. 1936년에는 제11군까지 결성되었다. 제3군에서는 김책, 허형식이 당·군간부로서 활약했고, 제4군에서는 이학만, 최석천(최용건), 박진우 등의 조선인들이 활약했으며 기타 여러 부대에서도 다수의 조선인들이 참가했다. 남만주에서는 제1군(1929년 8월 결성)이 활약하였고, 그들은 중국인 항일세력과 통일전선-한중항일동맹회를 결성하여 투쟁했다. 정치위원장은 조선인 고이허(高而虛)가 맡았고, 군사위원장은 중국인 왕봉각(王鳳閣)이 맡았다.

윤봉길(오른쪽)과 김구(대한민국 상하이 임시정부 주석)
1932년 4월 29일 거사를 앞두고 찍은 기념사진

위, 윤봉길이 던진 폭탄으로 아수라장이 된 식장
아래, 1932년 4월 29일 12시 40분 폭탄을 던진 후 체포 연행되는 윤봉길

윤봉길 1908년 충청남도 예산군 덕산면 시량리 178번지 광현당에서 태어났다. 덕산공립보통학교에 11살에 입학했으나 2년 뒤에 자퇴하고 서당에서 한문·국사를 배웠다. 11살에 체험한 3·1운동과 고양된 민족독립 운동에의 탄압과 식민지 노예교육을 배격하면서 자퇴한 것이다.
1931년 23살에 '출가, 생불환'이라고 써두고 집을 나와서 중국 상하이에서 조직된 '한인애국단'에 들어간 다음 해 1932년 4월 29일 상하이 홍커우 공원에서 천황 탄생 축하 예식에 참가한 최고사령관 시라가와 대장에게 폭탄을 던졌다. 시라가와 대장은 전신에 24개의 파편을 맞고 3개월 후에 사망하였으며, 시게미쓰 마모루 공사는 한쪽 다리를, 제3함대사령관 노무라 키치사부로는 실명하는 등 다수의 요인이 부상을 입었다. 윤봉길은 체포되어 12월에 가네자와에서 처형, 24살로 생애를 마쳤다.

17. 재일동포의 역사와 활동

말을 할 수 있는 놈은 감옥에
들판에 나온 놈은 공동묘지로
아귀(餓鬼) 한 마리라도 낳을 수 있는 여자는 유곽으로
삼태기를 어깨에 멜 수 있는 젊은 놈은 일본으로
모든 게 빈 깡통일세
아카시아 가로수가 달리는 자동차 바람에 날리고 있다

이 노래는 1926년 민족영화 나운규의 「아리랑」이 유행함과 동시에 현해탄을 건너는 조선인들 사이에 폭넓게 불렸다고 한다. '삼태기를 어깨에 멜 수 있는 젊은이'는 작은 보따리를 들고 미지의 일본으로 유랑 여행길을 나섰다.

토지를 빼앗기고, 쌀도 빼앗기고 부산항을 향하던 농민들은 '노동자 모집'(한글로 적혀 있다) 포스터에 이끌렸다. '일급 5엔, 주택 완비, 식사 포함'이라는 꿈 같은 선전문을 믿은 낙천적이고 순박한 농민들은 연락선 삼등선실에 올랐다. 승선시 '일본인은 위로, 조선인은 아래로'라며 선실 입구에서 나뉘어졌다. '조선에는 금이 나는 나무가 있다'는 말처럼 헌병·경찰의 보호를 받으며 이익을 얻으려고 부산항에 내린 일본인은 오히려 일본으로 건너가는 조선인보다 많았다.

생활양식을 얻기 위해 떠난 망국의 유랑민은 일본 자본이 필요로 하는 범위에서 바다를 건넜다. 3·1운동으로 간담이 서늘해진 일제는 조선인의 일본 도항을 제재했으나 제1차 세계대전 이후의 호경기로 인해 인건비가 싸고 강한 체력의 조선인 노동자를 모집하여 산간벽지 댐이나 발전소·탄광 같은 곳으로 보냈다. 그러나 1925년부터는 조선총독부에 의해 엄격히 도항자의 신분을 조사하였으며, 경찰관 주재소에서 부산 수상경찰서로 보내는 소개장을 지참하게 했다.

1922년 7월 29일 『요미우리신문』 사회면 톱기사는 일본뿐만 아니라 조선에서도 충격적인 뉴스였다. '시나노 강을 흐르는 조선인 학살자 시체/호쿠에쓰의 지옥계곡. 인근 주민들 공포에 떨다/사나에쓰 전력대공사의 괴문'

8년 가까이 시나노 강의 수력을 이용한 동양 최대의 발전소를 건설하는 공사장에서 조선인 노동자를 대량으로 부려먹었다. 약속한 임금은 고작 일본인 노동자의 절반이었고, 새벽부터 공사장에서 수십 시간씩 가혹한 노동이 계속되었다.

견딜 수 없어서 항의하거나 그만두고자 해도 허락해 주지 않았고, 도망을 가면 총으로 쏴 죽여서 시나노 강에 유기했다. 도망자는 처형해 본보기로 산중에 목을

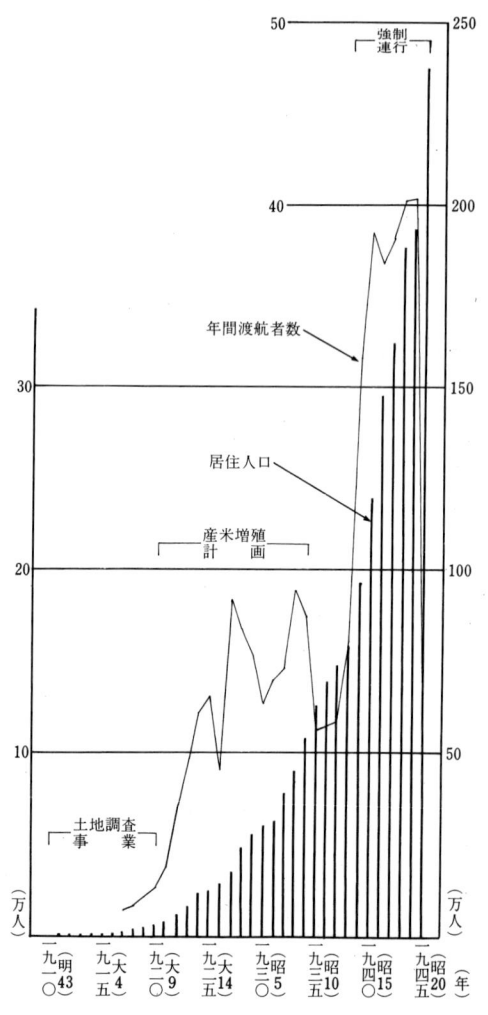

재일조선인 인구와 도항자 수

철도쟁의로 검거된 남편을
보내는 부인들(1930년)

매달아 두었다. 『요미우리신문』은 '도망친 조선인의 부패한 시체를 본 어느 목격자의 증언'이라고 대서특필했다. 일본의 깊은 산속 위험한 작업장에서 오작 육체노동만이 조선인 노동자에게 허락되었다. 임금은 하루에 1엔도 주지 않았다.

시나노 강 학살 현장에는 도쿄에서는 김약수, 안광천 등이 중심이 되어 조선인 유학생들이 조직한 사회주의 단체 북성회에서 김약수를 대표로 파견했다. 서울에서는 『동아일보』의 이상협 편집장 등이 공사용 철도로 현장으로 달려갔다. 일본에서는 조선의 독립운동과 조선인의 인권을 위해 투쟁한 변호사 후세 다쓰지(布施辰治)가 조사단에 참가했다. 지역신문은 연일 '조선인 의혹 완전히 해소, 학대는커녕 오히려 우대'라는 식의 왜곡으로 가득 찬 기사를 발표했다.

사건을 최초로 보도한 『요미우리신문』은 조선에서는 발매금지가 되었으며 압수되었다. 그러나 『동아일보』기자의 정력적인 조사 보도와 도쿄 조선인에게 협력한 가카쓰 마사미치(高律正道)와 고마키 오미(小牧近江)에 의한 진상조사 발표회는 일본에서 처음으로 조선인 노동자와 일본인의 연대에 의한 대집회로 열리게 되었다.

1920년 4월 창간된 '조선민중 표현기관'으로서 언론·계몽활동에 큰 역할을 한 한글로 된 『동아일보』는 9월 6일자에 '공전의 대연설회/조선인과 일본인의 연합/7일 도쿄에서 대연설회 개최'라고 대서특필했다. 9일자 기사에서는 "청중은 일본인이 2,000여 명, 조선인은 약 500여 명 정도였다. 발 딛을 틈 없이 꽉 찬 회장은 경관에 의해 굳게 닫힌 문밖에 서서 입장하지 못한 사람만 수천 명이나 된다 … 그날 관헌의 횡포로 행사 도중에 해산되었으며 많은 희생자를 내긴 했으나 도쿄에서 처음으로 열린 조선인 주최의 연설회였으며 예상 밖의 대성공을 거두었다. 경찰의 탄압을 본 일본인 청중들의 동정심은 깊어졌고 큰 인상을 주었다."(8일 도쿄 특전)

다이쇼 데모크라시 고양기에 일본인 노동자와 지식인이 처음으로 식민지 노동자의 실정에 눈을 돌렸으며 연합한 획기적인 9월 7일 대회 이후 도쿄, 오사카에서 조선노동동맹회가 결성되었다. 다음 해 1923년 도쿄, 오사카 메이데이 슬로건에도 '식민지 해방' '한일노동자단결!'이라는 슬로건이 걸렸다. 일본 최초의 인권단체라고 할 수 있는 수평사(水平社, 스이헤이사)와 적극적인 교류도 시작되었다.

그러나 9월 1일 관동대지진의 혼란스러운 가운데 내무성·군대·경찰은 의도적으로 '조선인들이 우물에 독을 탔다' '집단으로 폭동을 일으키려 한다'라며 폭동설을 조작·유포시켜 조선인과 일본인의 첫 연대는 일시에 무너졌다.

재일조선인은 임대주택·하숙 등을 찾아도 '조선인 거절'이라는 민족차별을 받고 공사현장 가설합숙소에서의 집단생활을 피할 수 없게 되었다. 일제 관헌은 폭동설을 조작 유포시켜 각지에 죽창과 몽둥이로 무장시킨 자경단을 조직하여 수많은 조선인과 일본인 사회주의자를 무차별 학살하는 만행을 꾸미기도 하였다. 자경단은 조선인과 노동자에게 15엔 55전을 말해 보도록 시켜서 독음으로 읽지 못하면 거두절미하고 학살했다. 이 조선인 식별법은 이미 1913년에 내무성 1542호 경보국장이 보낸 편지에서 조선인은 "가기구게고 발음을 잘못한다"고 보고한 데서 비롯되었다.

계엄령 중에 잔혹한 조선인 학살을 목격한 일본 민중이나 아이들은 천재지변 이상으로 공포심을 갖게 되었다. 지진이 있은 후 2개월 후 도쿄 소학교 아동들을 대상으로 한 설문조사 결과가 증명하듯이 '조선인 폭동'이 톱을 차지하여 화재나 회오리바람보다 훨씬 더 강

노동쟁의 중인 키시와다 방적공장 여공들(1930년)

렬한 충격을 받은 것으로 나타났다.

지진 후 혼란스러운 가운데 9월 3일 치안유지 명목 하에 사회주의자 박열이 예비검속되었다. 일본 정부는 조선인 학살에 대한 내외의 비난을 잠재우기 위해 박열과 아내 가네코 후미코를 이른바 대역죄를 도모했다는 이유로 체포하여 박열에게는 사형 판결을 내렸으며 해방되기까지 23년 동안 투옥시켰다.

조선인 학살에 대해 후세 다쓰지와 야마자키 케사야 등과 같은 법조인과 요시노 사쿠조, 에구치 칸이 항의 했으나 대부분의 일본인들은 조작된 폭동설에 휘말려 '조선인은 무섭다, 집단으로 무슨 일을 할지 모른다'라는 편견을 갖게 되었다.

민족차별이 증폭되는 가운데 오사카와 제주도 간의 항로가 개설되어 '기미가요마루'가 취항했다. 제주도 11곳의 항구에서 오사카로 가는 도항자가 급증했다. '기미가요마루' 승객은 독점 항로를 가진 선박회사에 비싼 요금을 내야 했다. 일본으로 건너간 제주도 출신자들은 선박회사와의 운임 교섭에 실패하자 싼 항로를 스스로 만들자는 창조적인 운동을 전개하였다. '우리들은 우리 배로'라는 슬로건 아래 선박 이용 협동조합을 결성했다. 동아통선조합이라 불리는 조합은 '전 동아시아를 망라한 전도항노동자농민조합'이라는 뜻이었다. "민족적인 단결을 목표로 한 동아통선조합은 제주 청년동맹과 손을 잡고 제주도 농민의 투쟁, 혹은 해녀의 반항운동과 직접적으로 연대를 도모하였으며 그들의 역할은 대단했다"(박경식, 『재일조선인운동사』)

제주도 항구에서 일본 오사카로 떠나는 사람들을 배웅하는 환송객들

기미가요마루의 선실

1923년 오사카와 제주도를 잇는 항로 개설과 함께 '제1기미가요마루'가 취항, 오사카에 사는 조선인 가운데 제주도 출신자가 급증했다. 1926년에 '제2기미가요마루'가 취항했는데 이 배는 러시아 군함으로 쓰이던 것이었다. 선내는 정원 365명임에도 불구하고 685명이 타서 초만원이었다. 어느 때는 승객 정원 5백 명 중에서 일본인 승객은 두세 명에 불과하고 경찰관만 있었다.

제2기미가요마루

한반도 남쪽 화산섬인 제주도에는 오사카 방적회사와 규슈의 탄광회사 모집원이 일본에서 왔었다. 1922년 직통 항로가 시작되자 섬 안의 11곳의 항구는 일본으로 도항자를 보내는 사람, 돌아오는 사람들로 붐볐다. 1927년 1년 동안 승객수는 약 36,000명.

부산항

규슈 탄광에서 일하고 있는 조선인 노동자

수풍댐 건설 현장에서 화차를 밀고 있는 조선인 노동자들

위, 일본의 조선인 유랑민들은 조선식 집을 짓고 살았다.
오른쪽, 다마가와 모래채취 공사장의 조선인 노동자들

메이데이 행사에 참가한 재일조선인

1922년 7월, 니가타 현 사나에쓰 전력대공사장에서 일어난 조선인 학살사건을 계기로 조선인 노동자들은 인간으로서의 권리에 눈뜨고 각지에서 조선노동동맹회를 조직하여 다음 해부터 메이데이 행사에 참가했다.

오사카 나카노시마 공원에는 5,000명의 노동자 중에 수백 명의 조선인 노동자가 참가했다. 1924년 오사카 메이데이 때는 13,000명의 참가자 가운데 일본 최초의 인권단체인 스이헤이사(水平社)와 함께 오사카 조선노동총동맹 회원이 정식으로 참가하여 덴노지(天王寺) 공원으로 향하는 시위대의 선두에 섰다. 이 대회의 결의사항에는 '인종적 차별대우의 철폐'가 포함되어 있다('오사카 메이데이' 오사카 지방 메이데이 실행위원회). 도쿄의 메이데이 때에도 조선인 대표가 참가했으나 '식민지 해방' 슬로건은 부결되었다.

1933년 메이데이 행사에 참가한 재일조선인 여성들

위, 오사카 나카노시마 공원의 메이데이 행사장에서 덴노지 공원으로 향하는 시위대
왼쪽, 제13회 메이데이(오사카) 행사에 참석한 군중

관동대지진과 조선인 대학살

1923년 9월 1일 관동대지진으로 도쿄 시민의 불안이 극에 달한 다음 날인 2일 오후 6시, 지진으로 민심과 사회질서가 혼란스러운 상황에서 조선인의 독립운동과 일본의 진보적인 운동이 합류하지 않을까 하여 일본 관헌은 '조선인 폭동' 진압을 구실로 내란이나 폭동이 있을 때만 발효하는 계엄령을 선포했다. '조선인 폭동' 내용이 지방장관에 통지되자 도쿄, 가나가와, 사이타마, 치바에 있는 조선인 노동자 약 6,000명이 일본 각지의 군대·경찰·자경단에 의해 학살되었다. 관헌당국에 의해 생긴 집단 히스테리 패닉은 일대 참극으로 이어졌다. 사건의 진상은 밝히지 않고 일본 정부는 일부 자경단원을 체포하여 재판을 했으나 증거불충분으로 석방시켰다.

후세 다쓰지, 야마자키 케사야 변호사, 일본노동총동맹은 정부에 항의를 했으나 '조선인 폭동' 이미지는 신문보도를 통해 일본인에게 각인되었다. 지진 후 도쿄 소학교에서 있었던 설문조사에서 '가장 무서웠던 일'로 '조선인 폭동'을 꼽은 점을 보더라도 민족배척주의가 지배적이었다는 사실을 알 수 있다.

자경단원과 길가의 시신

지진으로 인한 희생자

시신을 검색 중인 자경단원들

관동대지진 참상

지진 재해시 포승줄에 묶여 이송되는 감옥 수형자들

나라시노 병사에 수용된 사람들

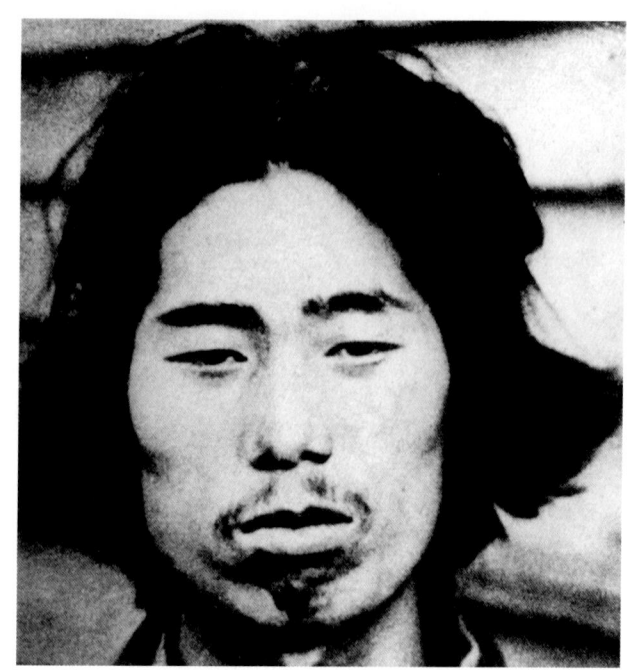
박열

박열과 가네코 후미코

관동대지진 후 9월 3일 박열과 그의 아내 가네코 후미코가 도쿄 센다가야서에 '보호구속'되었다. 조선인 학살에 대한 국제 비판여론을 피하기 위해서 '대역사건'으로 날조하려고 했다. 10월 치안경찰법 위반혐의로 기소되어 다음 해 2월 폭발물취급 벌칙위반죄로 추가 기소되었다. 박열은 대심원 특별공판에서 "일본 왕을 대표하는 재판관이라면 나는 조선 민족을 대표하기에 한복을 요구함이며, 재판관석과 피고석을 동등하게 하라"고 요구했다. 변호사 후세 다쓰지는 대심원과 절충하여 박열이 사모관대 복장을 하게 하였다. 박열과 가네코 후미코는 사형을 언도받았으나 그후 무기징역으로 감형되었다. 가네코 후미코는 1926년 7월 23일 우쓰노미야 형무소에서 옥사했다. 형무소 측은 목을 매어 자결했다고 발표했지만 변호사와 가족들은 사인에 의문을 제기하여 명확한 사인은 불명으로 남아 있다. 박열은 1945년 10월 아키타 형무소에서 출옥했다.

박열과 가네코를 재판 중인 대심원 특별법정. 1940년 3월 사형 판결

니주바시(二重橋) 사건 공판장. 오른쪽이 김지섭, 오자키 히로지. 일본 궁성의 니주바시에 폭탄을 3개 던지고 체포되었다.(1924년)

가네코 후미코(1903-1926)

박열의 아내인 가네코 후미코는 남편과 함께 '불령사'를 조직했으며 기관지 『후토이센징(太い鮮人)』을 발행했으나 대역사건에 의해 체포된 후 1926년 7월 우쓰노미야 형무소에서 자결했다고 발표되었다. 옥중에서 쓴 자서전 『무엇이 나를 이렇게 만들었는가』는 일본인의 조선인에 대한 우월감에 대해서 반발한 문장이었다.

김지섭(1885-1928)

김지섭 지사는 3·1운동의 선두에 서서 투쟁했으며 중국으로 망명하여 의열단에 가입하였고, 상하이·베이징 등지에서 국권회복운동에 참가한 후 일본으로 잠입했다. 일본 정부의 고관을 저격하려고 했으나 제국의회의 무기한 휴회로 계획을 변경하여 일본 궁성의 '니주바시'에 폭탄을 던지고 체포되었다. 무기징역으로 복역 중이던 1928년 2월 20일 옥사했다.

조선의 형평사와 일본의 수평사의 교류

1923년 4월, 백정의 신분해방 운동조직 '형평사'가 생겼는데 조선노동공제회, 각 사상단체, 일본의 수평사(이후 부락해방동맹)로부터 축하를 받았다. 재일조선인의 사상단체 북성회의 기관지 『척후대』 제3호(1923년 5월 15일 발행)는 「형평사 출현」이라는 논설을 발표했다. "마침내 그들이 일제히 외쳤다. 공사는 사회의 근본이며 애정은 인류의 본심이다. 더욱이 우리들은 계급을 파괴하고 모욕적 칭호를 폐지하며 교육장려를 해서 우리가 인간답게 생활하자는 것이 본사의 취지이다. … 40만의 거대한 동지의식적인 단결은 그들의 미래에 닥쳐올 험한 계곡이 있다고 해도 대중이라는 강력한 무기를 가진 이상, 그 이상의 큰 수확을 얻을 것이다. … 만세! 만세! 형평사운동 만세! 5월 13일"

형평사의 상징인 삼색기를 들고 모인 진주 집회 다음 날, 백정의 인간해방운동에 반대하며 해산을 요구하는 농민 시위에 시민들까지 가담하여 소고기 불매운동까지 벌이는 등 백정 차별의 뿌리가 깊음을 보여주었다.

1924년 8월, 형평사 대회에 경시청 스파이 에도 테쓰오가 접근하여 간부를 매수하는 등 수평사, 형평사 양쪽에 해를 입혔다. 다음 해부터 교류를 위한 노력이 이루어져 마침내 1927년 1월, 수평사의 다카마루 요시오가 조선의 형평사를 방문하고 같은 해 11월에는 형평사 대표 김삼봉이 히로시마에 있는 수평사 대회에 참가하였다. 1928년에도 일본측에서 도쿠나가가 제6회 형평사 대회에 참가하고 형평사 대회 포스터를 가지고 돌아갔다. 같은 해 5월, 교토의 수평사 대회에 이동환이 다시 참가하여 축사를 낭독했다. 상호 교류를 하는 가운데 남긴 교토를 방문한 형평사 대표와의 기념사진은 귀중한 기록이다.

위, 교토의 수평사를 방문한 조선 형평사 대표. 가운데가 집행위원 이동훈

왼쪽, 형평사 제6회 대회 포스터
오른쪽, 『척후대』(재일조선인 사상단체인 '북성회'의 기관지)

일월회 해체 기념사진(1926년)
일본에서 재일조선인 노동자 조직으로 활약한 사상단체 북성회(1922년 결성)를 해산하고 다시 일월회를 조직하였다. 대중 위주의
새로운 사회 건설을 위해 기관지 『사상운동』을 발간했으나 민족협동전선의 결성과 대중운동의 적극적 추진, 군소 사상 서클의
경쟁·대립 지양을 명분으로 사상단체의 해체를 주장하고 자진해산하였다. 사진은 앞줄 왼쪽부터 두 번째인 조재룡 씨가 제공했다.

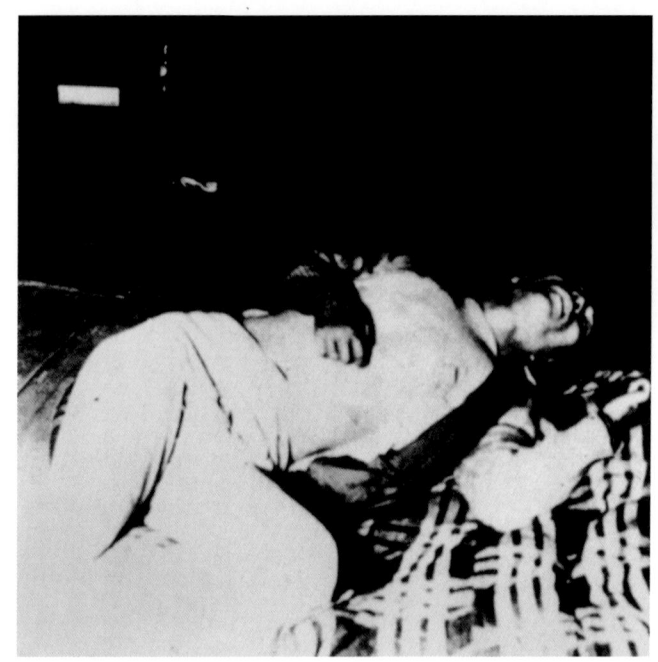

오후나토 건설공사장 파업 중에 학살된 강유홍

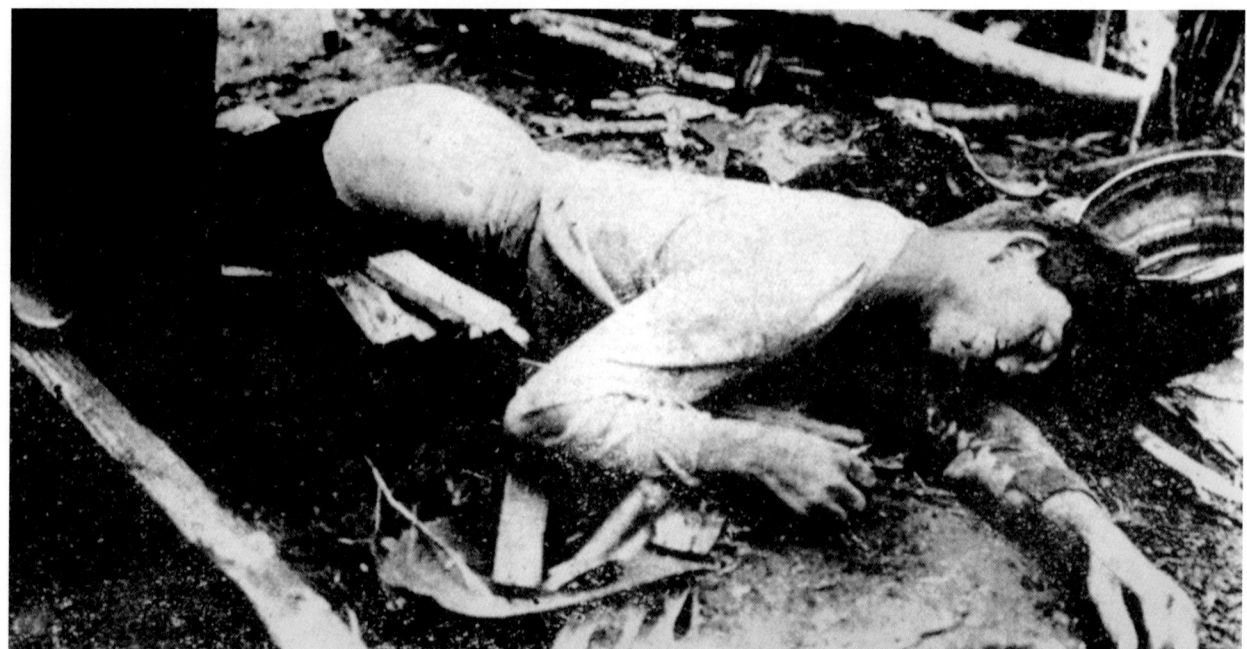

오후나토 건설공사장에서의 조선인 학살

1932년, 이와테현의 오후나토 건설공사장의 조선인 노동자 700여 명은 아리타조(有田組)의 하청으로 일하고 있었다. 임금인상을 요구하며 파업에 들어간 조선인 노동자들을 아리타조의 폭력단이 습격하여 3명을 학살하고 김범윤 등 30여 명에게 중경상을 입히고 여성을 강간했다. 현지 경찰은 이들의 폭력을 방조하였으며, 소방서도 조선인이 도망가는 것을 방해했다. 14시간이라는 장시간의 노동을 하는데도 일급은 불과 1엔. 이런 노동조건 속에서 조선인 노동자의 인간으로서의 최저의 요구마저 그들은 폭력으로 응대했다. 토건회사와 경찰은 서로 결탁하여 폭력단보다 오히려 조선인 노동자 대부분을 구속했으며, 얼마 안 되는 위자료를 지불함으로써 쟁의를 끝냈다.

위·아래, 오후나토 건설공사장에 버려진 조선인 희생자

18. 강제연행(1939-)

1939년부터 시작된 악몽과 같은 시대의 '전쟁 수행 동원, 황민화 강요'는 일본이 패전할 때까지 계속되었다. 전쟁에 동원하기 위해 우선 조선인을 '조센징'이라고 비하하던 발언을 '반도인'으로 바꾸어 불렀고, 1940년 2월에는 '창씨개명'이 실시하여 조선식 성을 일본식으로 바꾸게 했다. 8월에 한글 신문 『동아일보』 『조선일보』가 폐간되었으며, 전쟁 수행에 있어서 방해물인 민족주의자들과 공산주의자들을 검거하였으며, 중대한 범죄를 범할 위험이 있는 자에 대한 '예방구금'을 실시했다. 예방구금제는 일본보다 먼저 시행되었다.

중국 대륙의 침략전쟁의 장기화로 노동력 부족이 심각해졌다. 안전대책의 미흡으로 노동재해의 증대, 특히 지하 수백 미터 탄광에서 지하노동을 하는 일본인 대신 홋카이도, 규슈 탄광에 조선인 노동자를 강제로 투입하였다.

1939년 7월에 8만 5,000명의 조선인 노동자의 '내지 이동'이 내무성·후생성 차관의 이름으로 발표되자 강제연행이 시작되었다. 전쟁이 확대됨과 동시에 노동자의 수는 급증했으며 모두 강제연행으로 이루어졌다. 전쟁 말기까지 6년 동안 약 150만 명의 조선인이 일본에 연행되어 탄광에 약 60만 명, 군수공장에 40만 명, 토건공사장에 약 30만 명, 금속광산에 약 15만 명, 항만에 약 5만 명이 배치되었다. 기타 군인·군속으로서 약 37만 명, 일본군위안부로서 수만 명이 강제 동원되었다.

일본으로 강제 이동된 조선인의 수는 1939년 96만 1,000명, 1942년에는 162만 5,000명, 1944년에는 193만 6,000명, 패전 시에는 236만 5,000명으로 증대, 오사카에서도 45만 명에 이르렀다.

홋카이도에는 거대한 탄광을 중심으로 산맥이 둘러싼 탄광주택이 있었다. 1939년부터 산비탈에 주택이 건설되어 1만 명의 조선인 주거가 만들어졌다. 매일 도착한 강제연행자는 황국신민서약을 제창하고 산업전사로 싸울 것을 맹세했다.

하나의 이불로 두 사람이 교대로 자는 기숙사는 새벽에 출발하여 14시간의 노동 끝에 교대하여 오직 잠자러 돌아올 뿐이었다. 가장 깊은 곳에서의 석탄 채굴은 위험이 많아서 한번 재해가 일어나면 많은 조선인들이 희생되었다.

그러나 조선인 노동자들은 학대와 압제 속에서 그저 석탄만 채굴하지는 않았다. 인간으로서의 권리를 주장하고 노동조건의 개선, 차별임금의 철폐, 노동시간 단축을 요구하며 동맹파업과 노사분규를 일으켰다. 이 투쟁은 미쓰이, 미쓰코시, 슈미토모로 퍼졌으며 전쟁 말기 1944년 가을, 엄한 헌병·경찰의 감시 속에서도 동맹파업과 투쟁의 참가 인원수는 지난해보다 증가했고, 치안유지법으로 검거된 인원도 늘어났다.

1942년 6월 15일, 홋카이도 슈미토모 광업부에서는 조선인 노동자의 생산 의욕을 높이기 위해 '반도 영화와 노래에 의한 위안회'를 열었다. 광업부의 품의서와 함께 영화 안내를 한 등사판으로 인쇄된 전단지가 삿포로 도립도서관의 탄광관계 파일 안에 있었다. 문서에 의하면 대일본산업보국회 삿포로 지방광산회가 기획한 각 탄광을 순회하는 영화와 노래를 '반도 영화 두 편의 명화 상영'에 의한 '반도 노동자' 위안 기획이었다.

영화 「아리랑」과 「심청전」은 조선 영화의 최고 걸작으로 무성영화 「아리랑」은 1926년 나운규 감독·주연의 첫 민족영화였다. 「심청전」은 토키(발성영화)의 명작으로서 조선 영화사상 무성·유성 영화 가운데 최고로 평가받는 영화가 되었다. 엄격한 검열의 눈을 피해 제작된 「아리랑」은 조선 농촌의 모순에 메스를 가하는 등 참신한 편집 방법과 환상적인 화면 구성으로 깊은 감동을 주었다. 1926년 10월 7일, 서울 단성사 극장에서 개봉하자 극장 안은 초만원을 이루었으며 라스트신에서 가수 이정숙이 부르는 「아리랑」 노래를 따라 부르는 등 영화관은 민족저항의식을 고취시켰다. 관내 일본 순사들이 제지해도 멈추지 않았고 「아리랑」은 제2의 국가가 되었다.

영화 상영 후의 다카라즈카 소녀가극단 출신의 양방강의 노래는 삿포로 산업보국회가 기대했던 대로 노동의욕을 고취시키는 효과는 얻지 못하고, 오히려 민족 독립의 불길에 불을 지피는 결과를 초래했다. 오래간만에 접한 민족의 향기로 인해 모처럼 일본인화 작업에 동화되고 있던 사람들을 다시 제자리로 돌려놓고 말았다.

영화 「아리랑」이 순회상영된 탄광에서 동맹파업이 일어난 점은 아이러니하다. 조선 영화 내용에 대한 무지가 일으킨 결과였다.

규슈 각지의 탄광에서는 1941년경부터 증가한 불온한 움직임으로 인해 조선인을 감독하는 일이 더 엄격해졌으며, 민족음악이나 가무로 위안을 하는 정책을 취했다. 조선에서 편성된 가무위문단이 강제노동의 현장을 순회하며 「아리랑」「도라지」「춘향전」을 공연했다. 반민족단체의 간부들은 탄광회사에 오히려 역효과가 났다고 호소했다.

"우리가 데려온 조선인들을 어떻게든 일본인으로 만들어 보려고 노력해 왔다. 수년에 걸쳐 간신히 국민복을 입히고 일본식 목욕을 즐기게 했고, 된장국에 단무지로 식사를 하는 습관으로 바꾸었다. 그런데 「아리랑」과 「춘향전」을 접하자 하룻밤에 또다시 원래의 조선인으로 돌아간 것이다. 당신들은 우리에게 터무니없는 일을 저질러 버렸다."(모리카게 에이, 『연가의 해협』)

1942년 '조선청년특별연성령' '육군특별지원병령'의 시행에 의해 조선 청년을 대륙으로 동원하였고, 1943년에는 '해군특별지원병령' '조선인학도지원병제도'가 실시되면서 청년들을 전장으로 붙잡아 갔다. 바다와 하늘에서 돌아오지 못하는 병사가 된 조선인 청년이 수없이 많았다.

학도병에 응하지 않는 조선인 학생의 가정에는 다양한 압박을 가했다. 가족의 안전을 위해 사지로 내몰리는 학생들이 출현했다. 그러나 많은 조선인 학생들은 끝까지 전쟁에 반대하며 민족의식을 높이는 활동을 하다 검거되는 수도 급증했다.

재일조선인의 치안유지법 위반에 의한 피검거자 수는 별표와 같다.

후쿠오카 형무소에서 독살된 도지샤 대학의 젊은 시인 윤동주·송몽규 등과 같은 민족주의 그룹은 민족문화를 지키기 위해 조선어 금지에 반대하여 민족의식 계몽과 고양을 주장했다. 또한 민족문화를 발전시키고 민족의식을 자각하는 것이 조선 독립을 실현시키는 길이라고 주장하며 일본의 패전을 기회로 독립운동을 일으키면 전 조선 민족의 결집이 가능하다고 믿었으나 일본의 패전 소식을 끝내 듣지 못하고 옥중에서 살해되었다.

1939-45년 '치안유지법위반' 상황(재일조선인)

	건 수	검거 총수	학 생	기 소	기소 유예
1939	25	50	39	9	54
1940	52	165	78	12	44
1941	68	293	154	26	58
1942	61	168	86	73	163
1943	33	218		42	
1944		153		22	
1945	33	83			

(1945년도는 7월까지)
출처: 내무성 경보국, 『사회운동의 상황』 『특고월보』

홋카이도 나카가와의 조선인 토목노동자. 홋카이도 개척에는 수많은 조선인 노동자와 죄수가 동원되었으며, 도망가거나 반항을 할 때는 담금질을 당했다(『아사히카와신문』 1926년 게재 사진).

경찰의 조사를 받는 연행자

강제연행자를 이송하는 트럭

연행자들이 일본으로 출발 전 서장으로부터 훈시를 듣고 있다.

경기도(1941년)

강제연행

일본의 국책으로서 1939년부터 시작된 조선인 강제연행은 각 지역의 '노동보국회'가 '노무동원계획'을 수행하는 형식으로 진행되었다. 약 150만 명의 강제연행자를 일본인 직원 1만 명이 인솔했으나 전쟁 말기에는 조선의 전라도를 집중적으로 '조선인 사냥'을 실시해 할당량을 달성했다. 그후 '강제연행'에 관련된 관계자들은 모두 입을 다물어 버렸으나 이전 야마구치현 노무보국회 부장이었던 요시다 세이지 씨 단 한 명이 증언해 그 전모가 밝혀졌다.

위, 닛산화학공업 안가광업소의 조선인 노동자 강제연행 모집인들
아래, 1941년 경기도의 한 면사무소에서 개최된 설명회에 모인 주민들

홋카이도에 도착한 조선인 연행자

노동 현장

강제연행자 기숙사 창에는 서까래로 막아서 도망을 방지했다.

점호를 받는 강제연행자

조선인 노동자들은 주로 육체노동을 필요로 하는 댐 건설, 하천, 금속광산 등지에서 일했다.

치쿠호 탄광으로 끌려온 조선인 청년들

홋카이도 슈미토모 금속광산 광업소에 강제연행된 조선인 노동자들. 성씨명 대신 번호로 불렸다.

19. 황민화 정책의 정점 - 창씨개명, 지원병, 위안부, 신사참배, 협화회 -

조선 각지에서 '처녀회'가 일본인 경관 지도하에 결성되었다. 그녀들은 전쟁 수행을 위한 '정신대'로 동원되었다.[일본군위안부는 오랫동안 정신대(挺身隊)라는 이름으로 불려왔으나 이는 정확한 표현이 아니다. 정신대란 나라를 위해 몸을 바친 부대라는 뜻으로 일제시대 노동인력으로 징발되었던 사람들을 가리킨다. 이들 중 '여자근로정신대'의 일부가 일본군위안부로 끌려가기도 하였으나 두 제도를 동일한 것으로 볼 수는 없다. 이와 더불어 혼용되어 쓰이는 용어가 종군위안부(從軍慰安婦)이다. 이는 자발적으로 군을 따라 다닌 위안부라는 의미로 강제로 성노예 생활을 해야 했던 일본군위안부의 실상을 감추려고 일본이 만들어낸 용어다. 현재 공식적인 용어로는 한국·중국 등 한자문화권에서는 '일본군위안부', UN 등 국제기구를 포함한 영어권에서는 '일본에 의한 성노예(Military Sexual Slavery by Japan)' 등으로 불리고 있다 - 역자]

'내선일체'를 강요하기 위해 '황국신민서사'를 1937년에 만들어서 조선인들에게 외우게 했는데 아동용과 중학교 이상용 2종류가 있었다.

모든 직장, 학교에서 외우게 한 '황국신민서사'의 내용은 다음과 같다.

1) 우리는 황국신민이다. 충성으로써 군국에 보답하려다. 2) 우리 황국신민은 신애협력하여 단결을 굳게 하려다. 3) 우리 황국신민은 인고단련하여 힘을 길러 황도를 선양하려다.

1939년에는 '황국신민서사지주'를 조선 신궁에 세웠다. 조선의 전 아동과 학생들이 쓴 '황국신민의 맹세'가 적혀 있었다. 게다가 동년 11월에는 우리 고유의 성명제를 폐지하고 일본식 씨명(氏名)으로 바꾸게 하려는 창씨개명이 실시되었다. 제령 제19호에는 '조선인 호주는 본령 시행 후 6개월 이내에 씨명을 정해서 읍면장에게 신고할 것'이라고 했으며, 제20호에서는 천황의 '역대 시호 또는 어명은 씨명으로 할 수 없다'고 했다. 창씨개명을 진행시키는 방법은 교묘하였으며 학교를 축으로 해서 진행되었다. 창씨개명은 강제가 아니라 아동·학생이 원해서 한 것처럼 보이게 했다. '창씨개명'을 하지 않는 사람들에게는 창씨야말로 차별을 해소하기 위한 것이라고 설득하였으며 거부하면 노골적으로,

1) 각종 학교 입학·진학을 거부한다. 2) 부모에게 애원한다. 3) 행정기관에서 모든 사무를 취급하지 않는다. 4) 창씨개명을 하지 않는 사람의 이름이 쓰인 물건에는 철도국이나 운송물도 취급하지 않는 등 사회적인 제재를 가했다.

이렇게 하여 창씨개명을 한 조선인이 마지막으로 가는 길은 '지원병'이었다. 도쿄 메이지 신궁에서 거행된 조선인 학도병 출병대회의 모습은 뉴스 필름으로 제작돼 선전에 이용했다. 조선인 학도병은 반드시 이토 히로부미에 의해 강제로 도쿄로 끌려간 황태자 이은을 방문해 '출병' 전에 격려를 받도록 했다.

1938년에 신교육령과 함께 지원병제도가 제정된다. 이 지원병제도는 원서·이력서 등을 본적지의 경찰서장에게 제출하는 것이었다. 신체검사를 통하여 입대가 결정되면 중국 길림성 조선총독부 육군지원병 훈련소에서 6개월 동안 맹훈련을 받은 후 일본군 병사가 되었다. 1939년, 약 1만 3,000명이나 되는 지원병이 스스로 지원하지 않으면 안 되었던 이유는 고향의 부모들이 여러 가지로 압박을 받았기 때문이었다. 1943년부터 시작된 학도지원병 중에서는 자신이 일본 병사가 되어 중국 대륙으로 간 뒤에 남겨진 부모와 형제자매의 안전을 보장해 달라는 청년조차 있었다. 육군 대장 미나미 지로는 "일본 국민이 1억이라고 하는데 그 중 4분의

1 이상에 해당하는 2천 수백만은 조선 동포이다. … 조선 출신 병사들의 충의는 널리 알려졌으며 황국을 위해서 그 순수한 피를 흘린 영령은 호국신으로서 야스쿠니 신사에 모셔져 있다. 차별의 관념이 일본과 조선에 있어서는 안 된다. 만약 모멸하는 태도를 취하는 내국인이 있다면 그것은 말도 안 되는 마음가짐이다"라고 내선일체를 주장했다(사진보도 『투쟁하는 조선』 아사히신문사 간행).

이렇듯 세계에 그 유례가 없는 창씨개명을 창안한 미나미 육군 대장은 일본이 중국 공격을 개시하자 조선인을 대륙 침략에 전적으로 동원하기 위한 강압정책으로 '내선일체'라는 기치를 들고 나섰다.

일본군위안부

일본군은 '위안부'라는 이름 하에 조선인 여성을 중국 대륙으로 강제동원했다. 수만 명에 이르는 조선인 여성들은 두 번 다시 고향에 돌아갈 수 없는 몸이 되어 중국의 동북부와 일본의 오키나와 등 각지에서 전후를 보냈다. 일본군은 위안부에 관한 모든 사실들을 군사 기밀로서 그 실태를 밝히지 않고 전후에도 어둠 속에 숨기고 있다. 제주도 여성을 강제연행한 요시다 세이지의 기록, 『나의 전쟁 범죄-조선인 강제연행』만이 있을 뿐이다. 일본군위안부 문제로 인해 일본 역사의 치부는 오랫동안 은폐되어 왔다.

요시다 세이지의 증언은 이렇다. "점령지의 일본군 장병들의 부녀자 폭행 때문에 민중의 항일운동과 철저한 항전을 불러오고 반일 신문에 의해 국제적으로도 일본군의 명예를 떨어뜨림과 동시에 대동아공영권 건설의 대의를 가진 성스러운 전쟁에 오점을 남겼다. 그 때문에 어쩔 수 없는 시책으로 '종군위안부'를 동원했으나 일본인 부녀자는 출정 병사의 가족이나 친척이기에 위안부로 징용하거나 하면 황군의 사기에 영향을 끼친다. 육군성은 극비로 조선인 여성을 위안부로 동원하게 되었다."

1943년에는 '일본어 보급운동'이 대대적으로 전개되어 일본 영화를 강제로 보게 했고, '일본어 교본' 보급과 함께 일본어 상용을 강요하였다.

신사참배

일본의 '수많은 신들'이 조선 전국에 퍼졌다. 미에 현 이세시에 있는 일본 황실의 선조를 모신 이세 신궁과 직결된 조선 신궁은 부여 신궁과 같은 유명한 신사를 정점으로 신사를 곳곳에 세우고 조선인들로 하여금 강제로 참배하게 했다. 낮에 사이렌이 울리면 천황이 있는 동쪽을 향해 절을 하게 했다. 각 가정에는 가미다나라는 가정 신단까지 만들어 아침마다 참배하도록 하였다. 경찰 감시대는 순찰을 돌며 강요했다. 이렇게 하여 조선 신궁 참배자는 넓은 참배 길을 메우게 되었고, 1942년에는 약 256만 명에 이르렀다. "면사무소나 주둔소의 곳곳에 신사 건설을 실시하여 그 수는 1945년 당시 도읍면 4,364곳 가운데 1,602개에 달했다"(한석희, 「신사참배 강요와 기독교인의 저항」, 『삼천리』 31호)

기독교인들에게도 신사참배를 강요하여 거부하는 자들은 투옥시켰다.

1935년 12월 천황이 둘째 아이를 낳자 평양에서는 시내 전 학생들에게 '등불 행렬'을 강제로 시켰다. 신사참배를 거부하던 숭실중학 학생들도 어쩔 수 없이 이날은 집합을 했다.

평양 신사의 긴 돌계단의 마지막 줄은 숭실중학생들이었다. 계단 가운데까지 올라왔을 때 제일 고학년인 학생장 임인식이 '전체 멈춰!' '돌아서!' 하고 큰소리로 호령을 했다. 그러자 동시에 행렬 집단은 일제히 함성을 지르며 돌계단을 뛰어 내려갔다.

숭실중학교장은 교장직을 박탈당했다. 숭실여자중학교 교장도 신사참배를 거부한 이유로 면직당했다. 숭실중학생들은 '교장을 돌려달라'며 시위를 한 끝에 기마경관과 난투극을 벌였다. 새 학생장 유성덕·김두찬 등 주도학생이 검거되었으며, 학교는 무기 휴교령이 내려졌다.

무기 휴교령이 내려진 숭실중학은 신사참배 거부로 인해 휴교, 개교를 반복하다가 1938년 12월에 폐교되었다. 이때 학생들에게 있어서 굴욕이었던 일은 3월 1일 독립기념일이 애국일(신사참배일)로 정해진 일이었다(김두찬의 증언, 『동아일보』 1982년 8월 16일자).

협화회

전쟁이 확대되자 재일조선인의 동화정책, '내지화'의 강력한 방법으로 동화사업이 일본 정부의 새로운 방침으로 떠올랐다. 전쟁 수행을 위해 재일조선인의 민족적인 색채를 없애는 협화사업은 사회행정과 경찰행정 기구가 일체화한 것으로, 중앙협화회는 조선총독부, 내무성 경보국, 식민지 및 이민관계 사무를 관장한 척무성(拓務省)을 중심으로 활동하였다. 지사를 회장으로 하고 경찰소장을 지회장으로 삼아서 재일조선인의 일상생활 전체를 감시하는 조직이었다.

그리고 일본어 상용, 일본옷 착용, 축제일에는 국기 게양, 일본의 풍습과 예의범절을 익히게 하는 등 '일본인화' 작업에 앞장섰다.

일본에 강제연행된 사람들이 점차 늘어나자 노동자의 단속은 협화회 일주업무가 되었다. 경찰과 협력하여 가혹한 노동현장에서 조선인 노동자가 도망치는 것을 사전에 막았고, 도망자가 발견되면 붙잡아서 소속 일터로 복귀시키는 일이 협화회의 임무였다.

협화회 수첩은 의무적으로 상시 휴대하도록 했고, 회원수첩에는 사진을 붙이고 황국신민서약을 명기했으며 암송시켰다. 이 회원수첩을 소지하지 않은 자는 일자리를 구하지도 못했다.

협화회 회원 중에는 민족을 배반하고 내무성과 경찰의 앞잡이가 되어 전쟁에 협력한 자도 적지 않았다. 그들은 군용기 헌납, 국방 헌납을 선동했다. 전쟁 말기에는 '조선동포 처우개선 감사간담회'를 조직하여 '사이타마현 고려촌에 지하 항공기공장을 재일조선인의 자금과 노동으로 건설하기 시작했다.'(박경식)

그러나 강제연행된 노동자들은 금속광산, 군수공장에서 그저 일만 한 것은 아니었다. 강제노동 현장에서 도망치거나 가혹한 노동조건에 정면으로 항의하며 투쟁했기에 치안유지법에 따라 검거된 인원은 패전하기까지 계속 늘어나기만 했다. 그들의 굽히지 않는 저항을 두려워한 내무성 경보국은 패전이 가까워졌을 무렵인 1945년 8월 10일에 각 도부현 경찰부장에게 "조선인 및 중국인 노동자의 집단활동 지역에 경계를 강화해서 불온한 움직임의 방지를 위해 노력할 것"이라는 긴급 훈령을 내릴 수밖에 없었다.

8월 15일 해방 이후 홋카이도, 동북지방을 시작으로 일본 각지에서 재일조선인들이 들고일어났다. 전국 형무소의 문이 열린 10월 10일, 출소자의 대부분이 재일조선인이었던 것은 전시 하의 엄격한 탄압 가운데도 굴하지 않고 민족독립과 인권해방투쟁을 벌였기 때문이다.

조선 본국에서도 조선 총독이 제창한 '내선일체'에 저항하는 자는 가차없이 탄압을 받았다. 황민화 정책에 굴복하고 민족차별에서 벗어나기 위해 스스로 창씨개명을 하고 전쟁에 협력하며, '내선일체'의 상징적인 신사·신궁 건설에 앞서는 자들도 없지 않았다. 그러나 대부분의 조선인은 치열한 저항을 끊임없이 계속했다. 전향하지 않는 사상범에게는 일본에서 전향한 좌익인사를 조선에 파견하여 쓸데없는 저항을 그만두라며 설득했다. 일본어에 의한 '국민문학', 일본어를 전면적으로 사용한 '반도 영화' '반도 연극'도 장려했다.

황민화 정책에 반대하는 자들을 본보기로 탄압하는 일은 계속되었다. 조선어 사전을 편집하고 있던 학술단체 조선어학회를 독립운동의 숨은 기지로 보고 회원 23명을 검거한 1942년 10월의 '조선어학회사건', 신사참배를 거부해 검거된 기독교인들은 2,000여 명에 달했다. 또한 전쟁 말기의 지하조직, 조선건국동맹은 민족해방을 위해 집요하게 싸운 단체이며, 일본의 패전이 곧 민족해방임을 확신하고 국내외에서 치열한 투쟁을 벌인 저항조직이었다.

전국 곳곳에서 벌어진 학도병 출정식(1943년)

학도병

전선으로 나가는 아들과 이별하는 어머니

군사훈련. 단, 반란을 염려하여 진짜 총은 주지 않았다.

조선인 학도병 출병식에 참석한 영친왕(1943년)

위·오른쪽 위, 조선 신궁을 참배하는 여성들.
조선인도 일본인과 같이 황국신민으로서 평등하다는 의식을 주입시켰다.

아래, 강제로 남산의 조선 신궁에 참배하는 중학생들

조선 신궁에 참배하는 조선인 학생들

위, 일본 천황이 있는 동쪽을 향하여 절을 하는 동방요배(東方遙拜) 중인 행인들
아래, 가정에서의 동방요배

직장에서의 동방요배

일본군 위안소 입구

병사들 뒤를 이어 강을 건너는 일본군위안부

판자로 만든 일본군 위안소

일본군위안부

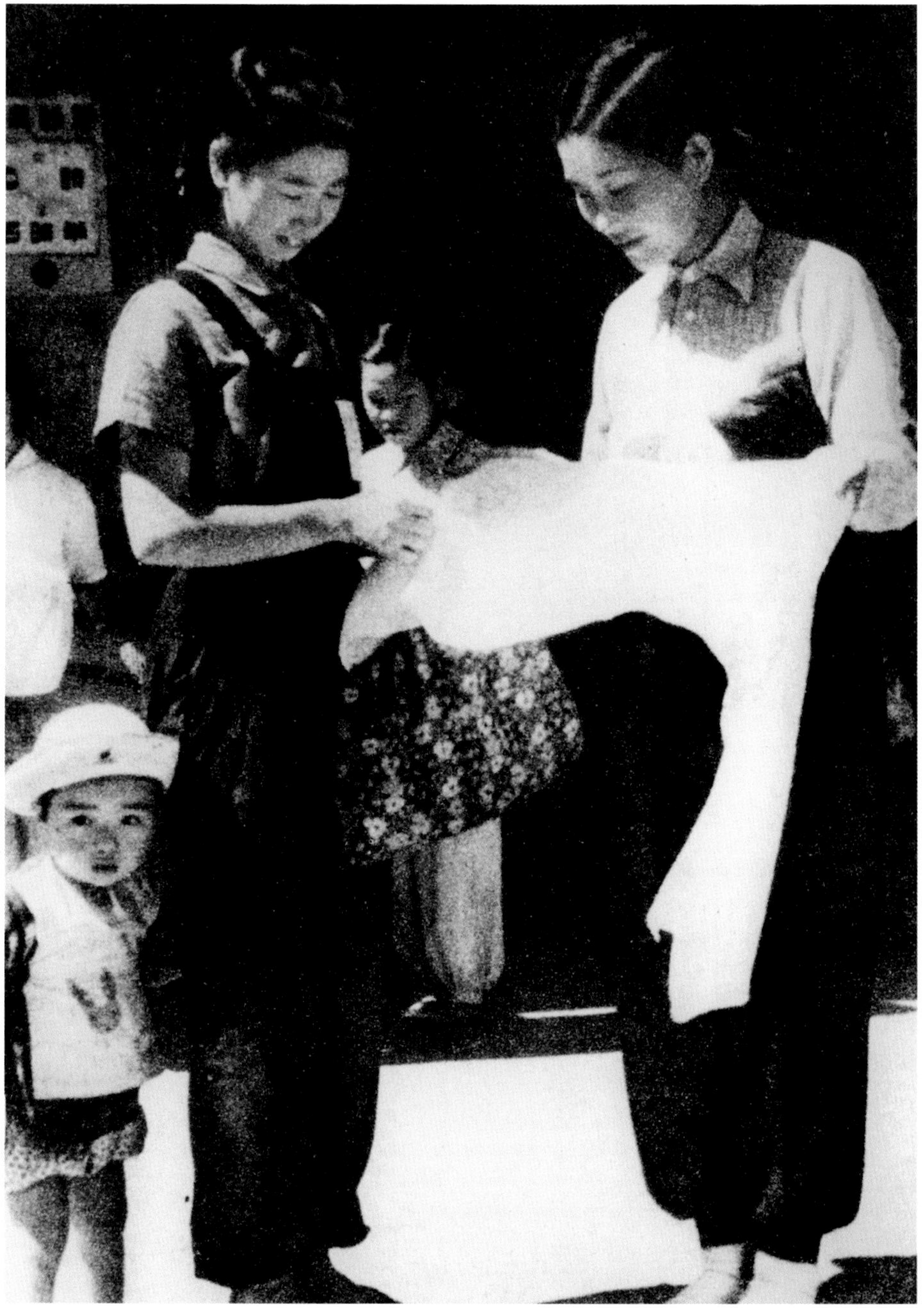

거리에서 천인침을 놓고 있는 조선인 부인들

일본어 강습회에 참석한 부녀자들

천인침(千人針, 센닌바리)

출정 군인의 무운을 빌기 위해 천 명의 여자가 한 장의 천에 붉은 실로 한 땀씩 매듭을 뜬 것으로, 태평양전쟁 중 일본에서 유행한 풍습이다. 대륙 침략전쟁이 시작되자 조선의 여성들은 강제로 끌려간 남편이나 아들을 위해 천인침을 놓았으며, 한복은 금지되고 몸뻬를 강제로 입게 하였다.

일본어 상용

'국어상용'이라는 포스터를 사방에 붙여 두고 일본어를 사용하지 않으면 기차표를 살 수 없을 정도로 강제되자 조선 여성을 위한 일본어 강습회가 전국 각지에서 열렸다.

조선인의 노동훈련소 입소식(후쿠오카 현)

협화회 회원들의 봉사작업

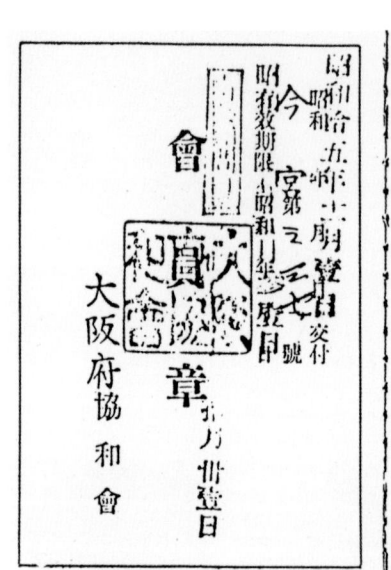
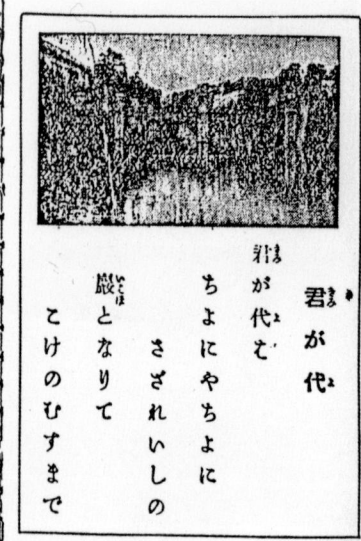

협화회 수첩

20. 8·15해방

1945년 8월 15일, 일본의 패전으로 조선은 해방을 맞이했다. 조선의 마을 곳곳에 휘날리는 태극기, 애국가를 부르면서 한강 다리를 건너 서울로 향하는 군중. 서울 거리마다 휘날리는 태극기…. 사람들은 기뻐하며 민족의 노래를 부르며 손뼉을 치면서 시위행진을 시작했다.

전국 형무소의 문은 민중의 손에 의해 열렸다. 서울 서대문형무소에서 나온 독립운동 애국지사들. 크게 외치는 만세 소리. 지방에서 서울로 올라오는 열차 안에서도 만세를 외치는 승객들. 열차 차창밖으로 태극기를 흔드는 청년들. 강제로 입던 국민복을 벗어던지고 치마, 저고리로 성장한 부인들. 조선 온 산하가 드디어 민족의 손으로 돌아온 것이다. 굴욕의 나날에서 다시 되찾은 활력이 마을마다 넘쳐흘렀다. 전국 각지의 신사는 모두 불에 타서 순식간에 사라졌다.

조선총독부는 비밀결사 '건국동맹'을 결성하여 활동하고 있던 여운형에게 치안유지에 협조해 줄 것을 요청했다. 8월 15일, 서울에서 조선건국준비위원회가 결성되었다.

일본에서는 패전을 앞둔 8월 14일에 조선인의 일대 폭동을 두려워한 특고경찰부장은 각 부현 경찰부장에게 통지를 내렸다. 일본이 패배하는 날에 조선인 노동자의 폭동이 일어나지 않도록 철저히 경계하라는 내용이었다.

8월 16일, 서울 군중대회는 26년 전 3·1운동을 훨씬 뛰어넘는 인파와 열기로 가득 찼다. 조선 민중들에게 인기 높았던 여운형은 "우리들이 과거에 고통받았던 건 모두 잊고 오늘날 이 땅에 합리적인 이상낙원 건설을 해야만 한다. 이럴 때 개인의 영웅주의를 피하고 마지막까지 단결하여 나아가자. 백기를 든 일본의 심리를 깊이 생각해 보자. 우리들의 통쾌한 기분은 금할 수 없으나 우리들의 아량을 보이지 않으면 안 된다"라고 역설했다.

도쿄 니주바시 앞에 모인 군중 사진을 게재한 일본 신문은 '천황에 대한 충의가 부족하다'는 내용으로 연일 보도했다. 8월 17일, 일본 황족으로선 유일하게 내각 총리대신이 된 히가시쿠니 내각이 발족되고, 외무대신으로는 상하이에서 윤봉길 의사의 폭탄사건으로 한쪽 다리를 잃은 시게미쓰 마모루가 임명되었다. 치안유지법 위반으로 검거된 철학자 미키 기요시는 10월 1일에 옥사하였다.

조선인 독립지사들은 아직 옥중에 감금되어 있었다. 재일조선인은 해방민족, 독립국가의 사람으로 인정되어 '제2국인'으로서 다시 차별을 받았으며, 생활의 권리조차 빼앗겼으나 일제강점의 멍에에서 해방된 환희의 소용돌이 속에서 독립운동지사와 정치범 석방을 위해 백방으로 노력했다. 드디어 1945년 10월 10일, 일본 각지의 형무소의 문이 열렸을 때 마중을 나간 사람들은 태극기를 든 재일조선인들이었다.

약 250만 명의 재일조선인들의 시급한 과제는 새 조국의 건설과 귀국문제 그리고 생활할 권리를 확보하는 것이었다.

해방을 축하하며 서울역으로 모여든 시민들(1945년 8월 15일)

서대문형무소에서 출옥한 독립투사들과 그들을 환영하는 군중들(1945년 8월 15일). (이 사진은 전 AP통신 사진기자 김천길 선생이 보도사진계에서 일하던 조대식(趙大植) 선생이 찍은 것이라며 1993년 편집자에게 건네 준 원본사진으로부터 복제한 것이다-편집자)

해방에 감격해 하며 서울역 앞으로 모여든 시민들

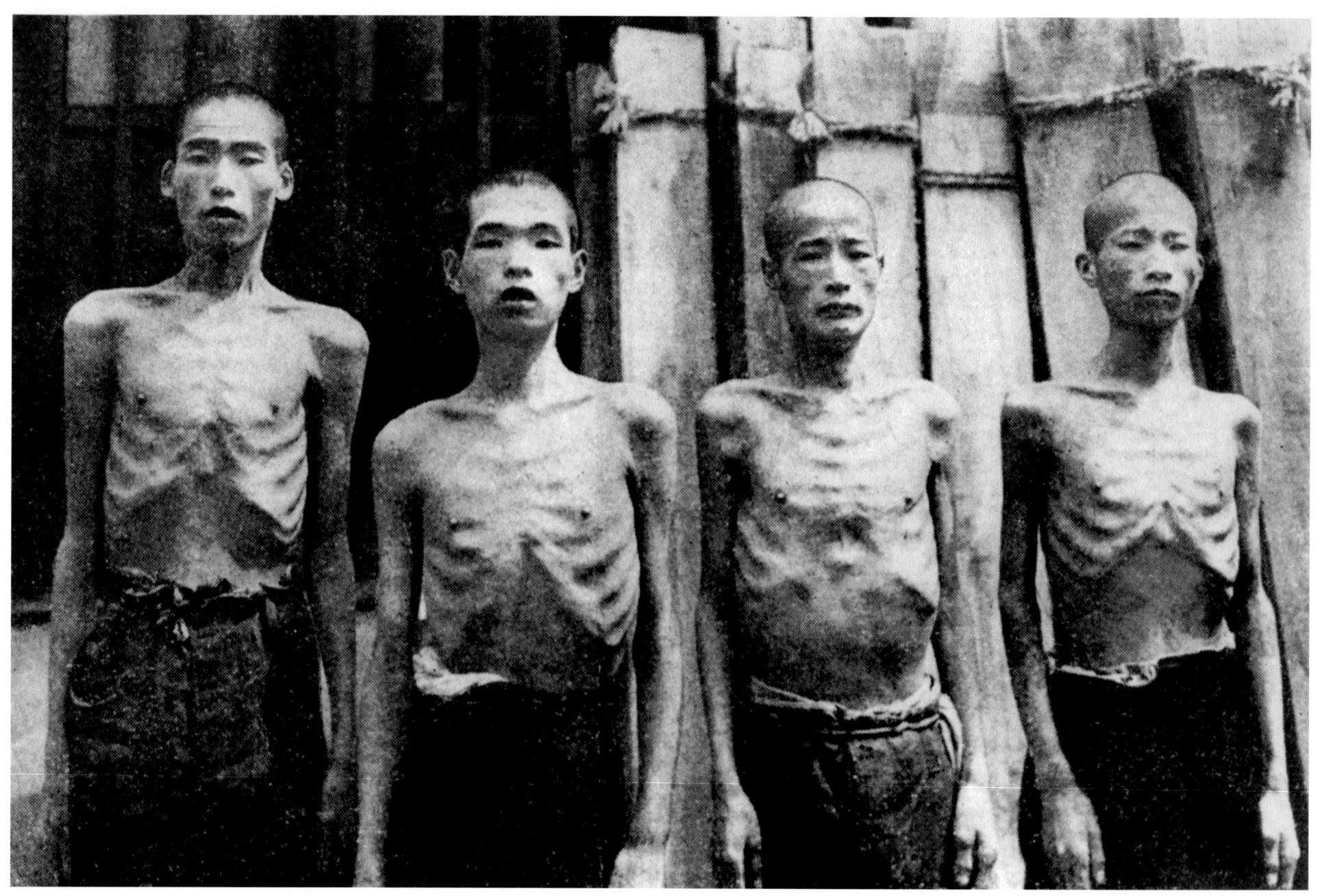

효고현 오기쿠보 형무소에서 출옥한 조선 출신의 청년들(1945년 10월 10일)

환희의 8월 15일로부터 1개월이 지나도록 일본 형무소의 문은 열리지 않았다. 김두용·송유철 등이 중심이 되어서 '재일본조선인 정치범석방운동위원회'(위원장 김두용)를 결성, 연합군 총사령부와 법무성에 석방운동을 했다. 10월 4일 연합군 총사령부로부터 '정치적·시민적·종교적 자유를 제한하는 철폐 각서'가 공포됨으로써 '치안유지법'이 철폐되었다. 10월 10일 도쿄예방구금소에서 김천해·이강훈·도쿠다 규이치·시가 요시오 등 13명이 출옥. 그들을 맞으러 온 400명은 대부분 태극기를 든 재일조선인이었다. 비행회관에서 열린 '자유전사 출옥환영대회' 참석자 4,000여 명 또한 대부분이 조선인이었다.

도쿄형무소를 나서는 김천해

독립지사의 출옥을 환영하는 오사카의 재일동포들(1945년 10월)

김천해(1898-?)

본명은 김학의이며, 경상남도 울산에서 태어났다. 1920년 도일, 재일조선노동총동맹위원장, 조선공산당 일본총국 책임비서로서 활약했다. 1926년 9월 검거·투옥된다. 1937년 『조선신문』 발간에 참가. 인민전선운동으로 재검거된 후 1945년 10월까지 옥중생활. 1945년 12월 일본공산당중앙위원, 정치국원이 되었으며 조선인 책임자로서 재일조선인운동을 지휘했다. 1949년 9월 재일조선인연맹 해산 후 공직에서 추방되어 1950년 북조선(조선민주주의인민공화국)으로 탈출했다.

아키타 형무소에서 출옥한 박열을 맞이하러 온 재일동포들

총살된 윤봉길 사체는 제9사단 법무부가 보관하였으나, 사체를 인계할 가족이 오지 않았기 때문에 가네자와 시설 화장장에서 화장한 후, 유골의 처리 방법을 강구할 작정으로 법무부에서는 19일 오후 9시 현 위생과장과 만날 예정이었다라고 되어 있다. 그러나 실제로는 화장은 하지도 않았고, 죽은 자를 욕보일 목적이었는지 육군 묘지와 일반 묘지 사이에 있는 쓰레기장에 묻었다. 쓰레기장에서 헌병 2명이 경계를 서고 있는 이상한 모습을 우연히 다른 묘지에 성묘하러 왔던 사람들이 보았다고 했다.

시간이 흘러 해방의 해, 1945년 12월 가네자와에서도 조선인연맹이 결성되어 재일조선인 청년들은 보안대를 조직하여 귀국자 송환, 민족학교 개설 등으로 분주했다. 사이가와에 있는 조선인 마을의 조선인들도 민족의 부활을 위해 일어섰다.

1946년 3월, 도쿄에서 온 세 명의 조선인이 윤봉길 의사의 매장지를 찾도록 지시했다. 조선 청년 50여 명이 트럭에 나눠 타고 육군 묘지로 향했다. 커다란 삼나무로 둘러싸인 공동묘지에는 전날 밤 내린 눈이 아직 남아 있었다.

'보안대' 완장을 찬 20살 전후의 조선인 청년들은 묘표가 없는 윤봉길 의사 묘지 발굴에 전념했다. 날이 저물자 피로에 지친 채로 돌아갔다가, 다음 날 이른 아침부터 다시 발굴작업을 계속하였다. 그러나 이튿날도 헛수고로 끝났다. 넓은 육군 묘지에는 난징, 상하이 등 중국 각지에서 개죽음을 당한 이시가와현 사람들의 묘표가 빽빽하게 늘어서 있고, 오른쪽으로는 커다란 충령탑이 건립되어 있었다. 윤봉길 의사가 육군 묘지에 매장되어 있을 리가 없었다. 오른쪽 끝에는 러일전쟁 포로였던 러시아 병사의 묘표도 늘어서 있었다.

일반 공동묘지 전체를 파헤치려던 청년들은 삼일째도 삽과 곡괭이질을 열심히 해봤으나 찾지 못했다. 누군가가 가네자와 제9사단 전 헌병부원을 찾아서 현장검증을 하자는 제안을 했고, 마침내 전 법무관 헌병대원 2명을 찾아냈다. 육군 묘지 관리사무소의 기무라 키요카즈, 도미 부부는 앞으로 일어날 사태에 몸을 떨었다. 부부가 인적이 드문 묘지에 온 것은 1940년이었다. 상하이의 중대 범죄인 윤봉길이 총살되어 관리사무소 뒤쪽 쓰레기장에 묻혔다는 이야기를 들었다. 주지(스님)였던 기무라 부부는 쓰레기장에 때때로 찾아가서 향을 피우고 경을 읽었다. 그러나 두려워서 말을 하지 못했다. 삼일간 발굴작업을 지켜보던 기무라는 그제야 결심이 섰는지 쓰레기장을 가르쳐 주었다. 옛 헌병들도 그곳을 가리켰다.

청년들은 윤봉길 의사가 쓰레기에 묻히고 매일 발에 짓밟혔을 13년간의 굴욕에 눈물을 흘리며 발굴작업을 시작했다. 채 1미터도 파내려가지 않았는데 사체를 넣은 관이 보였다. 관 위에 십자가 같은 나무가 썩지 않고 있었는데 먼저 그것을 하얀 천으로 쌌다.

관 뚜껑을 열자 윤봉길 의사의 양복, 구두, 머리카락이 나왔다. 가네자와 의학생인 주씨가 알코올로 유골을 정성껏 소독했다. 카메라맨인 김창율(고인) 씨가 셔터를 눌렀다. 나무 향기가 퍼지는 새로운 관에 유골을 옮긴 후 트럭 앞에서 일동 정렬하고 기념사진을 찍었다. 일동은 사살 현장에서도 사진을 찍었다.

묘지 관리사무소에서 준비한 식사를 한 청년들은 삼일간의 험난했던 발굴작업이 수확을 얻게 되어 만족해 했다. 그들은 전시 중 세계를 뒤흔들었던 윤봉길과 나이가 같다는 것에 진한 감동을 느끼는 듯했다. 이렇게 해서 관은 가네자와 시에서 조선인연맹본부에 옮겨진 다음 날 도쿄로 향했다. 타국 가네자와에서 처형된 윤봉길의 유골은 비로소 고국으로 향할 수 있었다.

병원으로 실려 갔으며, 시게미쓰는 일주일 후 한쪽 다리를 절단하여 간신히 생명을 건졌다.

실로 효과적이었던 의거 후 체포된 윤봉길 의사는 참혹한 고문을 당했으나 배후관계에 대해서는 일절 입을 열지 않았다. 그후 김구가 스스로 배후에서 지도했다고 영자신문에 투고하면서 '한인애국단'의 존재가 세상에 널리 알려졌다.

윤봉길의 행동은 국제적 반향을 일으켰으며, 절대적 우위에 선 듯 보였던 상하이 일본군은 동요되었다. 중국 국가원수가 격찬하여 말하기를, "백만 중국군이 도저히 할 수 없었던 일을 한 명의 한국인 용사가 단행했다"라고 했다.

윤봉길이 던진 한 개의 폭탄이 김구가 사수한 상하이 대한민국 임시정부의 존재를 전 세계에 알렸다. 이후 임시정부는 일본군에게 추적을 당하여 중국 각지를 전전하다가 중경에 자리를 잡았다.

윤봉길에 이어서 1933년 아리요시 공사에게 폭탄을 던지려고 하다 붙잡힌 이강훈은 윤봉길의 의거를 "23년 전 하얼빈 역에서 이토 히로부미를 사살한 안중근 의사의 의거와 똑같이 우리 민족만이 아닌, 수억의 중국인에게도 커다란 감동을 주었다"라고 말했다.

윤봉길은 5월 25일, 상하이 파견군 군법회의에서 살인죄 등으로 사형을 선고받고 11월 20일 상하이 헌병대에 의해 일본으로 압송당한 후, 오사카 육군형무소에 수용 중이었으나 12월 18일 오사카 헌병대 헌병 4명의 엄중한 감시하에 극비로 가네자와로 호송되었다.

지방신문인 『북국신문』 10월 20일자 석간에 의하면 가네자와 시내는 17일 오후 10시부터 가네자와 헌병대, 분대, 다마가와 경찰서가 비상소집을 실시했고, 일반인은 절대 접근할 수 없는 삼엄한 경계가 이루어졌다. 윤봉길은 수갑을 찬 채 통과하는 각 역에 있는 각지 헌병대의 삼엄한 경계 속에서 가네자와 역을 피해 니시가네자와에서 내려 자동차로 사단 구치소에 수용될 예정이었다. 그러나 구치소가 내부 수리중인 통에 사람들 눈을 피해 권총에 둘러싸인 채 법무부로 이송되었다. 현특고과(특별고등경찰과)는 노무라 과장의 총지휘하에 특고담당을 총동원하였으며, 가네자와 헌병분대는 19일 새벽 4시, 헌병을 비상소집하여 총살이 집행되기까지 삼엄한 경계를 실시했다.

19일 오전 6시, 가네자와 시 교외 미고우시야마 육군 작업장으로 끌려온 윤봉길은 제9사단 군법회의의 검찰관과 헌병대장의 입회하에 일개 분대 병사들의 일제사격에 의해 형장의 이슬로 사라졌다. 때는 오전 7시 40분.

미고우시야마는 현재 자위대 연습장으로 쓰이고 있으며, 대낮에도 음침하고 기분 나쁜 곳이다.

『북국신문』 기사에 의하면 오전 6시 30분 수갑을 차고 죄수복을 입은 윤봉길은 형장에 도착하자 권총으로 무장한 헌병들에 둘러싸여 형틀 앞으로 끌려갔다. 윤봉길은 이미 짐작했던 듯이 침착하고 의연한 발걸음으로 나갔으나 마음속에 회한의 그림자가 일었다고 한다. 입회 검찰관이 "아무 할 말은 없는가"고 묻자 가볍게 고개를 끄덕이고 눈이 가려졌다고 하는데, 해방 후 목격자의 이야기에 의하면 눈이 가려지는 걸 거부했다고 한다.

윤봉길의 총살은 전국에서 세 번째였고, 가네자와에서는 처음 있는 일이었다. 가네자와에서 총살된 이유는 상하이 파견군 군법회의를 가네자와 제9사단 군법회의가 계승했기 때문이었다.

부록 ; 쓰레기장에서 발굴한 윤봉길 의사의 유골

일본이 만주 침략을 시작한 1931년은 '전쟁의 시작'을 알리는 해였다. 1월에는 육해군이 공모하여 중국 상하이에서 전쟁을 일으키고, 3월 1일에는 '만주국'을 발족시켰다. 다음 해 청년 장교들이 주축이 돼 일으킨 5·15사건으로 파시즘적 성향은 급속도로 강화되었다.

1919년 3·1운동이 일어나던 해에 상하이에서 결성된 대한민국 임시정부는 일본 정부요인 암살을 목적으로 한 '한인애국단'을 조직했다. 이 단체의 회원인 이봉창은 "나는 마음으로부터 조국의 독립과 자유를 되찾기 위해 한인애국단 일원이 되었고 적국의 수뇌를 암살할 것을 맹세합니다"라고 선언하고 일본으로 잠입한다.

1932년 1월 8일, 도쿄 요요기 연병장에서 관병식을 끝낸 천황을 사쿠라다몬에서 기다렸다가 폭탄을 던졌으나 성능이 나빠서 불발로 끝났다. 이봉창은 대소동이 일어난 현장에서 의연히 태극기를 꺼내서 '대한독립만세'를 삼창한 다음 체포되었다. 오늘날 남겨진 그의 사진은 미소를 지으며 태극기를 양손으로 들고 있는 것이다. 우라와(浦和) 형무소의 교수대에 올라서는 최후의 순간까지 의연했으며, 자신을 희생해 의를 구하는 자세로 일관했다.

당시 중국 국민당 기관지 『국민일보』는 큼지막한 타이틀로 '한인 이봉창 저격 실패, 일황 불행중 다행'이라고 보도했으나 이 사건은 중국 민중들에게 커다란 영향을 끼쳤다.

중국에서 일본군은 전년의 만주사변을 유리하게 진행시키기 위해 '자국민 보호'라는 명목으로 육군, 해군의 육전대, 제3함대를 증원시켜서 중국군을 대대적으로 공격하기 시작했다. 시라카와 요시노리 상하이 파견군 사령관이 지휘한 이 효과적인 총공격으로 일본은 열국 중에서 우위를 다졌다.

1932년 4월 29일, 천황 탄생일을 축하하는 상하이 홍커우 공원 축하식 분위기는 크게 고조되었다. 중국 최대의 국제도시 상하이의 항일세력은 퇴각하기에 바빴다. 20여 개국의 외교시설이 밀집해 있던 상하이에서 거행된 천장절 축하식은 일본의 국위선전을 위한 절호의 무대였다. 재중국 일본인 거류민들은 도시락·수통·일장기를 들고 홍커우 공원에 모이도록 지시를 받았다.

1908년에 태어난 윤봉길(24살)도 수통과 도시락을 가지고 공원으로 갔다. 그는 외출하기 전에 태극기 앞에서 폭탄을 든 채 기념사진을 찍고, 상하이 대한민국 임시정부의 김구와 함께 마지막 사진을 찍었으며 김구의 선서문을 자필로 옮겼다. "나는 진심으로 조국의 독립과 자유를 회복시키기 위해 한인애국단 일원으로서 중국을 침략한 적의 장교를 죽일 것을 맹세합니다." 2년 전 고향 충남 덕산면 집에서 '출가생불환(出家生不還)'이라고 써두고 나왔는데, 민족의 적에 대한 일격의 기회를 노리고 있던 윤봉길은 절호의 기회가 찾아오자 폭탄을 넣은 수통과 도시락을 꼼꼼하게 점검했다. 1월 도쿄 사쿠라다몬의 이봉창과 같은 실수가 재발하지 않도록 김구와 함께 사전연습을 수차례 반복했다. 폭탄은 당시 중국군에 있었던 김홍일 장군이 특별히 제조한 것이었다.

중앙 단상에는 시라가와 군사령관을 중앙으로 좌우로 시게미쓰 마모루 공사, 노무라 제3함대사령관, 우에다 제9사단장, 무라이 총영사 등이 도열해 있었다. 기미가요 제창이 끝날 무렵 단상으로 굴러들어 온 수통이 시라가와 군사령관 발밑까지 와서 폭발했다.

커다란 소음과 함께 천장절 축하식은 순식간에 아수라장이 되었다. 시라가와 사령관은 전신에 파편이 박혀 중상을 입었고, 무라이 총영사는 해군 병사에게 업혀서

독립지사의 출옥을 기뻐하는 재일동포들

1988년 정월, 생각지도 못한 곳에서 윤봉길 의사 처형에 관한 정보가 필자에게 전해졌다. NHK 특집 '2·26사건 잊혀진 진실'을 제작 중에 있던 나카다 세이이치 씨가 2·26사건을 재판한 육군 군법회의 사키사카 수석검찰관 집에 있었던 극비자료 중에서 윤봉길 의사 처형에 관한 문서를 발견했다는 것이었다. 2·26사건과 윤봉길, 이 기묘한 조합에 놀랐으나 나카다 씨의 자세한 설명으로 납득할 수 있었다.

1936년 2월 26일, 일단의 육군 청년장교들이 궐기하여 사이토 마코토 내상, 다카하시 코레키요 장상(재무대신)을 살해하고 수상관저 등을 점거했다. 군부는 4일간 설득공작을 벌인 후 반란군들을 진압했다. 2·26사건은 당시 일부 청년장교들이 벼락출세를 위해 벌인 쿠데타로 보았으나, 일본의 공공연한 파시즘화가 시작된 1936년의 군수뇌부가 가담한 대대적인 쿠데타였다는 점을 사키사카 검찰관 자료는 밝히고 있었다. 재판을 하고 싶어도 할 수 없었던 군수뇌부의 쿠데타 계획은 사실상 데라우치 육군 대신의 '지휘권 발동'으로 상세히 밝혀지지 못했다. 아라키 대장 등은 불기소처분을 받았고, 기소된 마자키 대장은 무죄를 확정받았다. 그러나 마자키가 사건에 개입되었다는 것은 사키사카가 필사적으로 남긴 방대한 자료를 통해 충분히 짐작할 수 있다. 군수뇌부의 견고한 은폐 카드에 패한 검찰관의 '패배'에 대한 자료 중에 윤봉길 의사 사형 집행 보고서가 섞여 있었던 것이다.

나카다 씨에 의하면 군내부에서는 예상치 못한 많은 반란장교들에 대한 사형 집행 방법에 대하여 논의가 있었으며, 4년 전인 1932년 가네자와에서 총살된 윤봉길에 대한 제9사단 군법회의 검찰관과 육군 법무관 네모토 소타로의 사형 집행 시말서가 참고문건으로 사용되었던 것 같다고 증언했다.

사형 집행 시말서

조선 충청남도 예산군 덕산면 시양리 139번지
상하이(弗租界貝勒路 동방공우 30호)
무직 윤봉길
메이지 41년 5월 19일 출생

쇼와 7년 5월 25일 상하이 파견군 군법회의에서 살인, 살인미수, 상하이 폭발물취급 별칙위반죄에 의해 사형을 선고받고, 같은 해 12월 19일 가네자와 육군 작업장에서 그 집행이 이루어졌음. 시말은 다음과 같음.

1. 형장은 가네자와에서 고하라에 이르는 도로 동쪽, 이시가와현 이사가와군 우치가와 마을 미고 우시의 가네자와에 육군 작업장 서북 골짜기였음. 그 동쪽에 높이 약 7미터의 절벽이 있어서, 그 전방에 3미터의 형틀을 세워 범인의 위치를 정해 놓았음. 그 서북쪽 10미터에 사수의 위치를 설치하고, 그 옆에 입회 관사, 입장 허가자 등 각각의 위치를 정하였음. 상세한 사항은 별지 개요도 제 2와 같음.

1. 보병 제7연대에서 보병 중위 니시노 츠네오는 하사관 2명, 보병 16명을 지휘하여, 각처에 경계병을 배치시키고, 오전 6시 50분 모든 배치를 종료시켰음. 별지 개요도 제 2와 같음.
  경계선에는 허가를 받은 자 이외에는 출입을 금지시켰고 장내외의 경계를 엄중히 했음.

1. 입회관 검찰관겸 육군 감옥장 네모토 소타로, 육군 일등 군의관 세가와 요시오, 육군 기록사 다치무라 히사시 병위는 오전 7시 형장 설비를 마침.

1. 형장 출입을 허가받은 사람의 직위와 관등은 왼쪽과 같으며, 시종 태도에 엄중을 기해 집행에 차질이 없도록 했음.

사형 집행 당시의 상황

1. 오전 7시 15분 육군 감옥 간수장 다쓰다 소토지로는 간수 2명, 헌병 3명과 함께 회색 중절모와 양복을 착용한 범인 윤봉길을 호송해서 형장에 도착함에 따라 감옥장은 간수장에게 자물쇠를 열고, 군의관에게 건강검진을 받게 하여, 범인의 심신에 이상여부를 확인하고, 본년 5월 25일 상하이 파견군 군법회의에 의거하여 살인, 살인미수, 상하이 폭발물취급 단속 별칙위반죄에 의해 사형선고를 받은 윤봉길의 사형 집행을 위해 그 취지를 고지하고, 또한 마지막으로 하고 싶은 말을 묻자 미리 각오하고 한 일이라 아무런 할 말이 없다고 함에 따라 감옥장은 소지품 처리에 대해 남길 말은 없는지 재차 묻자, 필요없다고 진술했음. 그의 말투는 단호했으며, 태도는 침착했음. 감옥장은 간수장에게 범인의 눈을 가리게 하고 형틀 앞에 범인을 정좌시키고 간수에게 신체와 양손을 형틀에 묶게 한 다음 오전 7시 27분 사수에게 총살을 명했음.

1. 사수는 육군 보병 군조(구일본의 육군 하사관 계급의 하나) 나카노 기치사부로와 동소속 요코이 소토키치의 2명에게 정해진 위치에서 엎드려 쏘게 함. 나카노군 조사수는 미간을 사격하여 그곳을 명중시켰음. 후두결절부를 관통하여 심한 출혈을 보임. 상세사항은 별지 군의관 사체검안서에 있음. 군의관이 창상 및 심장맥박을 검사한 뒤 오전 7시 40분 범인이 사망하였다고 확인함에 따라 검찰관 겸 감옥장이 이를 승인함으로써, 오전 7시 40분 윤봉길의 사형 집행을 종료함과 동시에 경계를 해제하고 간수장에게 사체 매장 처리를 명했음.

1932년 12월 19일

제9사단 군법회의 검찰관 육군 법무관 네모토 소타로
가네자와 주둔구금소장 육군 감옥장
제9사단 군법회의 육군기록사 다치무라 히사시 병위

추가 기록

1988년 3월 26일 필자는 네덜란드 국립대학에서 개최된 유럽 한국학회에 초청되었다. 회의장에서 한국의 윤병석(尹炳奭) 인하대 교수와 만나서 본서의 초판 독자로부터 얻은 정보를 토대로 해명된 윤봉길 의사의 유골 발굴에 대한 사실을 쓴 『쓰레기장에서 발굴한 윤봉길 의사의 유골』을 드렸다. 교수는 귀국 후 건재한 윤봉길 의사의 동생 윤남의 씨(당시 74살)에게 그 책을 건넸다. 일독한 윤남의 씨는 형 윤봉길 의사가 가네자와에서 총살형을 당한 것은 수긍할 수 있지만, 유골이 버려진 사실에는 충격을 받아서 지병이 악화되어 일주일간 병원에 입원하게 되었다. 퇴원하자마자 오사카로 달려온 그를 필자는 가네자와 노다 묘지의 쓰레기장으로 안내했다.

1945년 윤봉길 의사의 유골 발굴 사진과 처형을 보도한 『북국신문』 복사본은 올 겨울(1988년)에 문을 열게 되는 서울의 매헌기념관에 전시된다. 동관은 모금 활동으로 모인 17억 원을 예산으로 서울 양재동에 건설될 예정이다. 이곳에서는 일본 현대사에서 밝혀지지 않은 '쇼와' 전반의 수많은 증거 자료가 전시된다.

매헌기념관

윤봉길 의사의 업적과 살신성인(殺身成仁) 정신의 높은 뜻을 기리고, 계승 발전시키며, 선양하기 위하여 매헌 윤봉길 의사 기념사업회가 주관하여 국민들의 성금으로 서울 양재동 시민의 숲 안에 대지면적 6,586㎡, 연건평 2,603㎡의 매헌기념관을 설립하였다. 1988년 12월 1일에 준공된 기념관은 지하 1층, 지상 3층으로서 윤의사의 유품과 생애 사진, 훈장 그리고 항일독립운동 관련사진 등이 전시되고 있다. 1992년 4월 29일에는 상해 의거 제60주년 기념사업의 일환으로 청동으로 된 높이 9.2미터의 윤봉길 의사 동상이 건립되었다. www.yunbonggil.or.kr 참조

윤봉길 의사의 관은 육군 묘지와 공동묘지 사이의 쓰레기장에 방치돼 있었다. 관 위에 십자가 같은 나무가 있었고 이미 백골화한 유체를 가네자와 의학생인 주씨가 알코올로 닦고 머리카락·양복·구두와 함께 수습해 고국으로 송환하였다.

1946년 3월, 윤봉길 의사의 시신이 매장되었다는 일반 묘역에서 3일 동안 발굴작업을 하였으나 발견되지 않았다.

윤봉길 의사는 1932년 12월 19일 이른 아침 가네자와 시 교외 육군 작업장에서 순국하였다. 3일간의 발굴작업을 마친 청년들이 윤봉길 의사가 순국한 현장을 찾아 기념사진을 찍었다.

가네자와 제9사단 헌병과 묘지관리사무소 기무라 키요카즈의 증언에 의해 쓰레기장에서 윤봉길 의사의 관이 발견되었다.

윤봉길 의사의 동생 윤남의 씨(1988년 4월, 가네자와 시에서)

후기

1987년 8월 15일, 이 책의 초판이 간행된 이후 서울에 살고 있다는 김태일 씨로부터 "강화도의 이능권 의병장은 아내의 할아버지입니다. 아내는 강화도 출신입니다. 5월 7일에 대전국립묘지에 '순국선열'로서 이장되었습니다. 이능권 할아버지의 교수형 재판 판결문도 찾았습니다. 한복을 입은 일본 경관에 관한 자료가 있으면 가르쳐 주시길 바랍니다"라는 편지가 왔다. 의외의 반향에 놀랐다.

일본의 군함 외교에 따라 강화도는 수난의 연속이었으나 조선의 어느 땅보다 빨리 거센 의병투쟁이 속출했었다. 강화도 출신인 김태일 씨 부인은 할아버지의 사진과 눈물로 대면을 했다.

이번 증보·개정판에서 새롭게 추가된 윤봉길 의사의 유골 발굴에 대한 내용도 독자들로부터 귀중한 증언과 기록사진에 의해 나올 수 있었다. 1988년 1월, 2·26사건 역사 다큐멘터리 프로를 제작중인 NHK 엔터프라이즈 프로듀서 나카다 씨로부터 사키사카 수석검찰관의 비공개 자료 중에 윤봉길 의사 처형 자료가 있다는 것을 알게 되었다. 일본 군부가 군법회의에 따른 사형 집행의 선례로서 윤봉길 의사의 사형 집행 시말서를 참고한 것이었다.

상하이에서 명맥을 유지하고 있던 김구의 대한민국 임시정부는 이봉창·윤봉길 의사의 의거에 의해 전 세계에 알려졌다. 안중근의 '살신성인' 정신을 이어받은 윤봉길 의사에 대한 자세한 자료가 2·26사건의 사키사카 수석검찰관과 재판관의 자료 중에 있었던 건 다행한 일이었다. 또한 현대사의 귀중한 자료이기도 하다.

한국과 일본과의 관계에서 근·현대사는 불명확한 부분들이 많다. 불행한 과거를 애써 지워 버리려고 했던 일본의 풍조 때문인 것이다. 반성해야만 하는 과거는 존재하지 않는다는 논리에 대해 정면으로 부정한 것이 이 책이다. 일본의 국제 저널리스트 마츠모토 시게하루 씨가 "국제적으로 일본의 장래를 위해서는 무엇보다 우선 현대사를 직시하는 것부터 시작하지 않으면 안 된다. 학교교육에서도 메이지 유신부터는 자세히 가르치지만, 다이쇼, 쇼와 전기에 일본인이 무엇을 했는지에 대해서는 노력을 기울이지 않고 있다."(「국제 일본의 장래를 생각하며」『아사히신문』1987년 8월 29일자)고 지적한 것은 당연한 일이다.

전쟁과 파시즘의 국민적 체험을 공유한 일본과 독일은 자주 비교된다. 그러나 비슷하면서도 다른 점이 많다. 독일의 많은 사람들은 괴롭고 어두운 과거의 현실을 직시하고 진실을 잊지 않는 것이 주변 나라와의 우호를 가능하게 한다는 철학적 신념을 가지고 있다. 또한 이런 생각을 미래에까지 전하려는 노력이 행해지고 있다. 교훈으로 받아들여야 할 점이 많다. 투철한 역사의식과 자기비판을 통해서만 범죄적인 과거를 지울 수 있다. 또한 진지하게 역사를 조명하다 보면 역사는 많은 것을 가르쳐 줄 것이라고 나는 확신한다.

1988년 4월 1일
신기수

역자 후기

제가 만약 가난한 학생이었다면 이 사진집을 사기 위해 기꺼이 점심을 굶었을 것이다. 고 신기수 선생이 생전에 애써 모아 놓은 600여 장에 달하는 사진은 일제강점기를 모르고 자란 역자에게 새로운 체험이자 앞으로 번역 작품을 선택하는 데 있어서 하나의 나침반이 될 것이다. 그리고 기억할 것이다. 저항시인 윤동주를 비롯한 수많은 애국지사들이 조국의 해방을 보지 못하고 차가운 옥중에서 생을 마감했던 사실을…. 아마 그들의 희생이 없었다면 조국의 해방은 그만큼 더 더뎠을 것이고, 굴욕의 역사에서 얼굴을 들 수 없었을 것이다.

이 책을 번역하기 위해 약 한 달간 앞만 보고 달려온 것 같다. 참고자료를 찾아서 대부분 확인해 보았으나 그래도 부족한 부분이 많다. 어머니께서 전철을 오가시며 교정을 해주셨고, 사학과 출신인 최임희 씨가 윤봉길 의사의 사형 집행 시말서 부분을 도와줘서 가까스로 경술국치(庚戌國恥) 99주년인 8월 29일로 정해진 이 책의 출간 일정에 맞출 수 있었다.

매일 밤, 지나간 역사의 기록을 우리말로 옮기면서 몇 번이나 울컥 눈물이 났는지 모른다. "과거 역사를 아는 일은 현재를 분간하는 일이며 미래를 밝히는 일이다"라는 이규상 사장님의 말씀처럼 이 책을 번역하면서 얻은 가장 큰 수확으로는 수많은 독립운동가들의 희생이 있었기에 오늘날 우리가 존재한다는 사실을 새삼 확인한 것이었다. 경술국치 100주년이 다가오고 있다.

2009년 8월
이은주

연 표

(사건 앞의 숫자는 월. 일)

연 도	국 내	일 본·기 타
1875년 고종 12 메이지 8	1. 일본 외무성서약을 조선에 가지고 옴. 8. 강화도에 운요호가 옴. 9. 20 강화도사건 조선 서남해안에 시위행동 중의 일본 군함 운요호, 강화도 수비병과 교전. 10. 일본 해군, 부산에서 시위행동. 10. 27 일본 군함 2척 부산 입항. 12. 구로다 키요타카·이노우에 가오루 부산에 오다. 운요호에서 회담. 12. 13 일본육전대(해병대), 부산에서 조선군과 충돌.	2. 13 평민도 반드시 성을 사용하도록 함(포고). 4. 14 입헌정치체계 수립을 위한 조서 발간.
1876년 고종 13 메이지 9	1. 일본 군함, 조선 서해안에서 시위행동. 강화에서 신헌과·구로다 및 이노우에가 회담. 2. 26 한일수호조규(강화도조약)를 조인. 5. 조선국 수신사 김기수, 도쿄에서 천황과 만남.	3. 12 관청의 1·6휴가를 일요 휴일·토요 반휴제로 개정. 3. 28 폐도령(메이지 유신 이후 칼을 차고 다니던 습관을 폐지한 법령). 10. 24 신풍련의 난.
1877년 고종 14 메이지 10	1. 부산거류지 차입서약서 조인. 12. 일본대리공사 하나부사. 인천 서울간 통로와 개항을 요구.	
1878년 고종 15 메이지 11	4. 28 조선연안측량을 위해 군함 출발. 5월 9일부터 측량 개시. 6. 8 제일국립은행 부산 지점 개업. 최초 일본은행의 해외 진출. 9. 28 조선 정부, 부산 해관 일본물품 수입세 부과 개시.	12. 15 철도국, 케이힝(도쿄 요코하마간) 철도 각 역에서 공중전보 취급 개시.
1879년 고종 16 메이지 12	3. 14 대리공사 하나부사를 원산·인천 개항 교섭을 위해 조선에 파견하기로 결정. 6월 18일 교섭 개시, 조선측은 원산은 승인. 인천 개항은 거부. 4. 하나부사 서울에서 개항 교섭을 함. 5. 덕원과 원산의 개항이 결정. 8. 30 하나부사 대리공사는 조선 정부와 원산진	4. 4 류큐번을 오키나와현으로 변경. 7. 미 전 대통령 그랜트 장군 방일.

연 도	국 내	일 본·기 타
	개항 예약을 의정.	
1880년 고종 17 메이지 13	6. 수신사 김홍집 방일. 11. 변리공사 하나부사 천황국서를 조선에 전달. 12. 원산 개항.	
1881년 고종 18 메이지 14	2. 28 조선 정부와의 인천 개항 교섭. 4. 조선, 일본 군인을 초빙하여 신식 군대 훈련을 실시함. 5. 어윤중 등 10여 명의 신사유람단 방일. 5. 9 조선 정부 하나부사 공사의 제의에 따라 호리모토 레이조 소위를 교관으로 한 별기군 창설. 5. 조미수호조약 조인.	10. 11 메이지 14년 정변.
1882년 고종 19 메이지 15	7. 23 임오군란. 서울에서 반일군란이 일어나 호리모토 소위를 살해, 일본공사관을 습격. 하나부사 공사는 제물포에서 영국 측량선으로 나가사키로 귀국. 7. 31 일본 정부 인천·부산에 3군함 파견을 결정. 8. 16 하나부사 공사 2개 중대를 이끌고 서울로. 8. 20 하나부사 공사 조선 국왕 알현하여 3일 동안 기한을 주고 임오군란에 대한 요구서 제출. 23일 조선측의 회답 지연으로 인천에 인양. 8. 30 하나부사 공사 임오군란 범인 처벌. 배상 50만 엔 등을 요구를 수용하는 제물포조약, 및 거주지 확장 등의 조일수호조약에 조인. 9. 30 청국 임오군란을 진압하고 주모자 대원군을 청국으로 압송하였으며, 청국군의 주둔을 각국 공사에 통고. 10. 19 조선전권대신 겸 수신사 박영효 방일. 천황에게 국서 전달. 31일 수호조규속약 추진서 교환. 12. 18 조선전권 박영효 요코하마 쇼킹(正金)은행과	1. 4 군인칙유 발포. 3. 20 우에노 동물원 개원. 11. 1 도쿄·긴자에 아크등 점등.

연 도	국 내	일 본·기 타
	지폐 17만 엔 차관협정에 조인.	
1883년 고종 20 메이지 16	6. 조일통상장정을 조인. 8. 인천 일본조계조약 조인.	7. 2 관보 제1호 발행. 11. 28 로쿠메이관 개관.
1884년 고종 21 메이지 17	2. 24 제일국립은행 조선 정부와 개항장 해관세 취급 약정에 조인. 5. 조선과 이탈리아 러시아와 수호조약 조인. 10. 6 한성부 용산을 일본에 개항. 11. 한성조약 조인. 12. 4 갑신정변 서울에서 개화파 쿠데타 다케조에 공사 일본군을 이끌고 왕궁을 점령. 12. 6 청국군, 왕궁에 진입하여 일본군 퇴각. 12. 7 조선 국왕 고종, 청국군으로 이동. 개화파 박영효 청국군에게 살해당하고 쿠테타 실패. 12. 8 다케조에 공사 제물포로 도망. 12. 11 김옥균·박영효, 일본 가기 위해 인천을 출발.	
1885년 고종 22 메이지 18	1. 9 특파 전권대사 이노우에 가오루, 김홍집 전권과 갑신정변 전후 처리 조약 조인. 1. 10 김전권, 이노우데 대사에게 일본 망명중인 김옥균 인도 요구. 1. 11 이노우에 대사 인도 요구 거절. 2. 7 일본 정부 갑신정변 후 청국 교섭 방침을 결정. 2. 20 조선국사절단 서상우 방일. 천황에게 국서 전달. 2. 24 참의 이토 히로부미를 전권대사로 임명. 7. 청일 양군, 조선에서 동시 철군.	11. 오사카 사건 일어남. 12. 22 제1차 이토 내각 성립.
1886년 고종 23 메이지 19	5. 조불수호조약 조인.	
1889년 고종 26		2. 11 대일본제국 헌법 공포.

연 도	국 내	일 본·기 타
메이지 22		
1890년 고종 27 메이지 23		7. 1 제1회 총선거. 10. 30 교육칙어 발포. 11. 25 제1회 통상의회 소집 제국의회 개설.
1891년 고종 28 메이지 24	7. 서울에 일어학원이 개설됨. 12. 일본공사 방곡령 손해배상을 요구.	
1892년 고종 29 메이지 25	6. 일본인, 제주도에 침입.	
1893년 고종 30 메이지 26	4. 4 오이시 공사 방곡령 배상문제 해결을 위해 군함파견.	1. 31 히비야 공원 개원. 3. 30 쿠릴 열도 탐험대 출발.
1894년 고종 31 메이지 27	2. 갑오농민전쟁(동학당의 난) 일어남. 3. 28 망명정치가 김옥균 상하이에서 일본에서 동행한 홍종우에게 암살됨. 3. 29 전라도에서 농민군 봉기 전봉준을 중심으로 5월에 충청도·경상도로 퍼짐. 5. 31 농민군, 전주를 점령. 조선 국왕, 총리교섭통상사 위안스카이(袁世凱)에게 청군 파견을 요청. 6월 9일 일본 군대 아산에 도착. 6. 1 조선주재 대리공사 스기무라 후카시, 농민군의 전주 점령과 조선 정부의 청국에 응원 요청을 외상 무쓰 무네미쓰에게 보고. 일본 정부, 청국의 출병에 대항하여 일본 혼성 1개여단 조선 파견을 결정. 6. 7 일본, 조선에 출병을 통고 9일 이홍장이 영국 공사에게 일본 조선 파병 저지를 요청. 6. 10 일본공사 오토리 케이스케, 서울 도착 6월 12일 일본 혼성여단 선두부대 인천에 도착. 6. 11 농민군, 전주에서 철수. 6. 14 조선 공사, 무쓰 외상에게 일군의 철수를	

연 도	국 내	일 본 · 기 타
1894년 고종 31 메이지 27	요구 그밖에 청일관계 주선, 철병 문제로 러·영 등에 외교 조정을 전개. 7. 10 오토리 공사, 실행 기한을 내정 개혁안을 조선 정부에 제출. 16일 조선 정부는 일본군 철수가 선결이라고 회답. 7. 20 오토리 공사, 내정 개혁 단독적으로 강제 실시하겠다고 통보. 7. 23 일본군, 서울 조선 왕궁을 점령 조선군을 무장 해제 국왕, 일본측 압력으로 대원군에게 국정총재를 명함. 7. 25 대원군, 청조선 종속관계 파기를 선언, 아산의 청국군 철수를 오토리 공사에게 의뢰. 7. 29 오토리 혼성여단, 조선 성환을 점령 30일에는 안산도 점령. 8. 20 조선 정부는 일본의 내정 개혁 권고를 받아들여 일본에 의한 경인·경부 철도 부설을 인정하는 것을 내용으로 한 잠정 합동조관 조인. 8. 26 조선 정부는 청국과의 전쟁에 협력하여 일본군의 진퇴·양식 등 편의를 제공한다는 내용으로 양국 맹약을 체결함. 10. 15 내무상 이노우에 카오루를 주재공사로 임명.	8. 1 청국에 선전포고, 청일전쟁.
1895년 고종 32 메이지 28	3. 30 조선 정부, 일본은행과 300만 엔 차관 조약 체결. 4. 23 전봉준 처형됨. 8. 17 조선 주재공사에 궁중고문 미우라 고로를 임명. 10. 8 서울에서 일본군, 명성왕후를 살해. 10. 17 일본 정부는 명성왕후 암살에 관해 미우라 공사에게 귀국을 명하고 고무라 주타로를 조선 주재공사에 임명. 10. 18 서울 주재 우치다 영사는 오카모토 류스케 등 서울의 일본인 20여 명, 왕비 시해 사건과	4. 17 청일강화조약 조인. 4. 23 독·프·러시아, 일본에 요동반도 청에 돌려줄 것을 요청(삼국간섭).

연 도	국 내	일 본 · 기 타
	관련 조선 퇴거를 명령. 11. 조선 침략에 반대하는 의병투쟁 각지에서 일어남.	
1896년 건양 1 메이지 29	2. 고종 러시아공사관으로 이동. 4. 한글판 '독립신문' 발간. 4. 17 고무라 공사 조선 정부에 대해 3월 미국인 제임스 모스가 경인철도 부설권을 획득한 것은 잠정합동조관 위반과 항의. 5. 14 고무라 공사 러시아공사 웨버와 국왕의 왕궁 귀환문제 등 조선문제에 관한 각서에 조인. 6. '독립협회' 조직.	
1897년 광무 1 메이지 30	10. 12 국호를 '대한제국' 연호를 광무로 정함. 11. 26 인천 일본 거주지 확장에 관한 주한 각국 공사의 협정가서 조인. 11. '영은문'을 헐고 '독립문'을 건설. 12. 각지에서 반일투쟁이 격화, 확대.	
1898년 광무 2 메이지 31	4. 25 일본 외상 니시와·러시아공사 로젠이 한국 독립을 승인, 한국에 권고·조언·고문 임명 등에 관하여 양국 모두 사전에 협의. 러시아는 일본의 상공업 발달을 방해하지 않겠다는 내용을 한국에 관한 의정서에 조인. 9. 일본 경부철도합동조약을 조인, 부설권을 약탈. 10. 30 독립협회, 서울에서 만민공동회를 열고 주권 수호를 결의.	1. 1 잎담배 전매제 실시.
1899년 광무 3 메이지 32	2. 일본, 조선연해 어업권 독점. 3. 24 일본 외무성, 한국 마산포·군산포·성진포 개항 및 평양을 5월 1일부터 실시한다고 고시. 5. 서울 전차 방화사건. 11. 활빈 투쟁 개시.	6. 20 최초 일본 국산영화 흥행, 가부기좌에서 함. 12. 16 연하우편 특별 취급 시작.
1900년	4. 조선 철도 약탈을 위한 철도원 설치.	3. 10 치안경찰법 공포.

321

연 도	국 내	일본·기타
광무 4 메이지 33	11. 일본 부산항 건설공사에 착수.	
1901년 광무 5 메이지 34	2. 화폐조례 공포, 금본위에 기초한 화폐조례 반포. 5. 마산포에 일본인 거주지 설치.	5. 20 사회민주당 결성. 11. 12 야와타 제철소 조업 개시. 12. 10 다나카 쇼조에 의해 아시오도잔 광산의 공해문제 소송.
1902년 광무 6 메이지 35	5. 17 마산에 70만 평을 일본인 거류지로 허가. 마산포 일본 전관 거주지 조인. 5. 20 제일은행, 부산 지점에서 은행권 발행. 인천·서울지점에서도 발행.	1. 25 핫코다 산에서 아오모리 연대 조난. 1. 30 영일동맹협약 조인.
1903년 광무 7 메이지 36	12. 30 일본 정부, 러시아와의 개전시 청국과 한국에 대한 정책을 결정. 청국에는 중립, 한국은 지배하에 둠 서울에 YMCA 설립.	
1904년 광무 8 메이지 37	1. 정부, 러일 양국에 중립을 통고. 2. 23 한일의정서 조인. 일본은 한국 왕실의 안전과 영사 보전에 군사전략상 필요한 지점을 사용 가능, 한국은 일본의 충고를 받아들여 시설을 개선, 이것으로 협정을 제3국과 조인하지 않기로 함. 8. 22 한일조약(제1차) 조인. 한국은 일본 정부 추천으로 재정·외교고문을 임용, 외국과의 조약 체결·특권 양도에 대한 일본 정부와 사전 협의. 매국단체 '진보회' 외 '유신회' 합체 '일진회'가 됨. 10. 메가타 타네타로 한국 도지부 고문에 취임, 주한일본군사령관에 하세가와 요시미치 취임. 11. 압록강, 두만강에 군사시설 설치.	2. 10 러시아 선전포고, 러일전쟁. 12. 20 (주)미쓰코시 설립. 근대적 백화점 창시.
1905년 광무 9 메이지 38	1. 서울 경찰권을 일본 헌병대가 장악. 최익현, 일본 침략 위험성을 상소. 1. 31 제일은행, 한국 정부와 한국 국고금 취급 및	

연 도	국 내	일본·기타
1905년 광무 9 메이지 38	화폐정리사무 취급에 관한 계약을 체결. 동행 경성 지점을 한국 중앙은행으로 7월 1일 개업. 2. 3 한국 정부, 경시청 제일부장 마루야마 시게토시를 경무고문으로 임용하는 계약에 조인. 3. 일본군, 한국 왕궁 수비를 담당. 4. 1 통신기관 위탁에 관한 조인. 우편·전신·전화사업을 일본 정부에 위탁. 4. 친위대를 폐지. 7. 제일은행 경성 지점 한국중앙은행 업무 개시. 8. 『대한매일신보』 발간. 10. 토지가옥증명규칙 공포. 11. 17 제2차한일협약(을사보호조약) 조인. 한국 대외 관계는 일본의 외무성이 처리, 일본 정부 대표로서 서울에 통감을 둠. 이 조인을 기점으로 항일의병투쟁 전국에 퍼짐. 『황성신문』 망국 조약을 폭로. 12. 21 서울에 통감부, 요지에 이사청을 둔 통감부·이사청관제를 공포. 초대통감으로 이토 히로부미를 임명.	9. 5 러일강화조약(포츠머스조약) 조인.
1906년 광무 10 메이지 39	1. 한국 정부 외무부를 폐지. 2. 1 통감부 및 이사청 개청, 3월 2일 이토 히로부미 취임. 2. 9 주한 일본 헌병, 행정, 사법 경찰권 장악. 2. 한국 유학자 민종식, 충청남도에서 항일의병을 일으킴. 3. 각지에서 의병이 일어남. 주한 각국 공사관 철수. 4. 최익현이 의병을 일으킴. 4. 17 통감부, 보안규칙을 정함. 항일투쟁을 탄압함. 5. 한국 최익현, 전라북도에서 항일의병을 일으킴. 6월에 체포되지만 후에 항일의병이 연달아 일	3. 31 철도 국유법 공포, 10월 실시.

연 도	국 내	일 본·기 타
	어남.	
	5. 19 한일협약 반대를 호소하는 민종식 의병 홍주성을 점령. 11월 20일 민종식 체포.	
	6. 6 최익현을 쓰시마로 유형.	
	6. 26 한국에 재판 사무에 관한 법률 공포.	
	8. 1 조선주재사령부 조례 공포. 사령관은 육군 대장이나 중장, 천황에 직접 예속된 통감의 명령이 있을 때는 병력을 사용.	8. 1 미일 해저 전신 개시.
	8. 한국 학제를 개혁.	
	9. 일본, 진해와 영흥만을 조차(租借).	
	12. 최익현 쓰시마에서 단식 순국. 전국으로 항일운동 확대.	
1907년 광무 11 메이지 40	6. 15 헤이그밀사사건. 제2회 헤이그 만국평화회의에 한국 국왕 밀사를 파견, 일본 침략을 고발.	
	7. 신문지법을 공포하여 반일언론을 탄압.	
	7. 3 통감 이토 히로부미, 헤이그 밀사사건에 한국 국왕의 책임을 추궁, 강제 퇴위시킴. 19일 국왕 양위반대운동 각지에서 일어남.	
	7. 24 제3차 한일협약 및 비밀각서 조인. 한국의 내정을 통감 지휘 하에 두고 일본인을 관사에 임명, 법령 제정, 고등관사 임명은 통감의 승인을 필요로 한다. 각서에서 대심원장, 대심원 검사총장, 각부차관 등에 일본인을 채용. 한국 군대 해산을 규정.	
	8. 1 한국군 해산식. 한국군, 일본군과 충돌. 이후 항일의병운동 전국으로 확대.	
	8. 일본인 차관을 임명하고 내정 간섭.	10. 31 첫 외국 야구팀 '하와이 야구단' 방일.
	12. 안창호 등이 신민회를 조직. 홍범도의 항일의병 부대, 일본군을 전멸시킴.	
1908년 광무 12 메이지 41	3. 1 일본 강제로 청진 개항.	
	3. 3 전명운, 미국인 외교고문 스티븐슨 암살.	

연 도	국 내	일 본·기 타
	3. 20 정부, 일본과 차관 계약을 맺음.	4. 최초의 브라질 이민단 783명 출발.
	8. 사립학교령 공포.	
	10. 1 통감부 경찰범처벌령을 정함.	
	10. 28 동양척식주식회사 설립.	
1909년 광무 13 메이지 42	2. 언론 탄압 출판법 공포.	
	6. 14 통감으로 소네 아라스케를 임명.	
	7. 각의에서 한국 병합 방침을 결정하고 한국 외교권을 빼앗음. 한국 정부의 군부를 폐지.	
	7. 12 한국과 사법 및 감옥 사무 위탁에 관한 각서 조인.	
	7. 12 한국중앙은행을 관한 한일 각서 조인. 한국 정부의 중앙금융기관으로서 한국은행의 설치를 승인.	
	10. 25 한국 군인·군속 범죄심판에 관한 건 공포. 한국군인·군속 범죄심판을 위해 한국주재군으로 특별육군군법회의를 둠.	
	10. 26 안중근 하얼빈에서 이토 히로부미를 사살.	
	12. 4 친일단체 일진회, 한국 국왕 및 통감에게 한일 합병에 관한 상소 및 청원서를 제출.	
1910년 광무 14 메이지 43	1. 평안도에서 시장세 징수에 반대 봉기.	
	2. 미국에서 반일단체 대한민국회 결성.	
	2. 28 외상 고무라 주타로 재외 사신에게 한국 병합 방침을 통보.	
	3. 임시 토지조사국 설치. 각지에서 의병이 일어남.	
	5. 30 한국 통감으로 데라우치 마사다케를 임명.	
	6. 24 한국 경찰사무 위탁에 관한 한일각서 조인. 경찰권을 빼앗음.	5. 25 대역사건의 대검거 시작.
	8. 22 한국 병합에 관한 한일조약 조인.	
	9. 총독을 육군 대장으로, 조선총독부 관제를 공포함. 토지조사사업을 본격적으로 개시함.	
	10. 데라우치 마사다케가 초대 조선 총독으로 취	

연도	국내	일본·기타
	임. 각지에 헌병, 경찰을 두는 무단정치. 안명근 데라우치 총독 암살 미수사건.	
1911년 메이지 44	4. 총독부 토지수용령을 제정함. 8. 15 조선은행법 시행. 8. 조선교육령을 공포. 식민지 교육제도를 수립.	방적회사(오사카)에서 조선인을 채용(2,527명).
1912년 메이지 45	3. 18 총독부, 조선민사령·조선부동산등기령·조선형사령·조선민사소송인지령·조선감옥령을 공포 시행.	7. 30 메이지 천황 사망.
1913년 다이쇼 2	미국에 있던 조선인 안창호 등이 반일단체 '흥토회' 조직.	
1914년 다이쇼 3	담배세령·지세령·시가지세령을 공포, 약탈 강화.	내무성 '조선인 식별자료에 관한 건'을 지방장관 앞으로 통보. 도쿄 조선인 유학생 학우회 「학지광」 창간.
1915년 다이쇼 4	1. 이동휘 등 연변에서 사관학교 설치. 7. 홍범도 의병 등이 국경지대에서 활약. 8. 총독부 조선 신사 사원 규칙 공포. 조선광업령 공포.	
1916년 다이쇼 5	7. 조선 고적조사위원회를 설치. 10. 조선주재 육군 2개 사단 편성을 시작. 10. 16 조선 총독으로 하세가와 요시미치를 임명.	'요시찰 조선인 시찰내규' 각 부현에 통지.
1917년 다이쇼 6	7. 조선 철도의 경영을 남만주 철도에 위탁. 11. 비밀결사 '조선국민회' 결성.	상하이에서 신규식 등이 조선사회당 결성. 여운형 등이 상하이에서 신한청년당 결성. 11. 러시아혁명.
1918년 다이쇼 7	5. 조선 임야조사령을 공포하고 임야 약탈. 6. 조선식산은행법 공포. 10월에 서울에 조선식산은행을 설립. 11. 조선 토지조사사업 완료.	8. 2 시베리아 출병을 선언. 8. 3 후지산에 쌀소동 발발, 전국에 파급. 이동휘 등이 하바로프스크에서 한인사회당 결성.
1919년 다이쇼 8	3. 1 3·1운동. 서울, 평양에서 조선 독립선언 발표.	2. 8 도쿄 조선인 유학생 '독립선언'을 발표.

연도	국내	일본·기타
	시위운동 전국에서 일어남. 4. 8 육군성, 조선 탄압하기 위해 6개 대륙과 헌병 400명 증파 발표. 4. 10 상하이에 대한민국 임시정부 수립. 4. 소련 연해주에서 조선인 애국자 빨치산 부대를 조직. 4. 15 총독부, 정치에 관한 범죄처벌건 제정. 대중행동과 선동을 엄벌. 5. 5 간도 일본영사관 방화로 일부 소실. 5. 김규식 등이 파리평화회의에 독립청원서 제출. 8. 12 조선 총독에 사이토 마코토를 임명. 9. 2 사이토 총독 서울역에서 폭탄에 맞았으나 무사.	가와카미 하지메 「사회문제연구」 창간. 우애회, 일본노동총동맹으로 개편. 중국 5·4운동 일어남. 코민테른 창립.
1920년 다이쇼 9	3. 『조선일보』 창간. 총독부 태형령을 폐지. 4. 『동아일보』 창간. 10. 2 간도사건 일어남. '만주' 일본영사관 습격, 경관이 살해됨. 7일 일본 정부, 간도 방면으로 출병을 결정. 12. 제1기 조선산미증식계획 시작.	5. 1 우에노 공원에서 일본 최초 메이데이 실행. ·조선인 고학생 동우회 조직.
1921년 다이쇼 10	2. 16 조선참정권운동 대표자 민원식 도쿄에서 암살됨. 4. 7 조선주재군사령관 오바 지로, 간도 지방에서 일본군 철수 성명.	11. 4 도쿄 역에서 하라 수상 사살됨. · 박열 등 흑도회 결성, 기관지 『후토이센징』 발행. 이기동, 박춘금 등이 융화단체 '상애회' 설치. · 아키타현 발전공사에서 조선인 노동자 학살. 항의운동이 일어남. 김약수 등이 '북성회' 결성.
1922년 다이쇼 11		
1923년 다이쇼 12	2. 7 총독부 폭파 음모 이유로 의열단원 김시형 등 14명 체포.	9. 1 관동대지진 계엄령 중 도쿄 중심에 조선인 폭동 루머가 확대 박해 속출. 12. 도쿄와 오사카에 조선노동동맹회 조직. 박열과 가네코 후미코 검거.

연도	국내	일본·기타
1924년 다이쇼 13		1. 니주바시 사건 일어남. 제2차 호헌운동 발족. 4. 조선노동총연맹 결성. 도쿄, 오사카 메이데이 참가.
1925년 다이쇼 14	3. 31 조선총독부 철도국을 신설. 4. 17 서울에서 조선공산당 결성. 고려공산청년회 결성. 11. 제1차 공산당 사건에 의해 박헌영 체포.	3. 2 보통선거법 수정 가결. 3. 7 치안유지법안 수정 가결. 7. 12 도쿄방송국 본방송 개시. 일월회 결성. 재일조선노동총동맹 결성. 조선수해 기아구제위원회 조직. 미에현 도로 공사장에서 조선인 학살.
1926년 다이쇼 15	4. 경성제국대학(법문·의학부) 개설. 6. 10 국왕 순종의 국장을 기해서 독립운동(만세사건).	12. 25 다이쇼 천황 사망.
1927년 쇼와 2	2. 15 서울에서 '신간회' 결성. 5월에는 자매 단체 '근우회'가 조직되어 항일운동을 전개. 12. 조선 총독으로 야마나시 한조 임명.	전철공사 노동자 동맹파업. 3. 15 금융공황 시작. 12. 30 일본 최초 지하철 개통. 신간회 도쿄·오사카·교토 지회 결성.
1928년 쇼와 3	· 민족통일전선 '신간회' 결성. · 원산 노동자총파업. 코민테른 조선 노동자·농민 운동에 관하여 '12월 테제' 지시.	6. 4 장쭤린(張作霖) 폭파 사건. 8. 2 제9회 올림픽 암스텔담 대회에서 일본 오다 미키오(3단뛰기) 첫 우승.
1929년 쇼와 4	3. 중국 길림에서 조선혁명당 조직. 8. 17 조선 총독으로 사이토 마코토를 재임명. 11. 3 광주학생운동. 전라남도 광주 학생, 일본 학생의 비행에 항의 데모를 일으킴. 항일학생운동이 전국으로 퍼짐.	· 독일 세계일주 비행선 체펠린호 방일.
1930년 쇼와 5	5. 30 간도에서 농민에 의한 반일 무장봉기.	재일본 조선노동총동맹, 일본 노동조합 전국협의회로 해산. 오사카 공장쟁의(조·일공동 투쟁). 철도 공사장 쟁의. 오사카에서 동아통선조합 결성(제주도 항로 자주 운항). 인도 국민회의파, 불복종운동 전개.
1931년	6. 17 조선 총독으로 우가키 가즈시게를 임명.	· 비료 제작소(兵庫) 쟁의(조일 공동투쟁).

연도	국내	일본·기타
쇼와 6	7. 2 만보산사건. 만주 만보산에서 조선인 농민과 중국 농민·관헌과의 충돌 사건. 조선 각지에서 중국인에게 보복 폭동 발생.	
1932년 쇼와 7	1. 8 애국단 단원 이규창, 도쿄에서 천황의 마차에 폭탄을 던짐. 1. 29 애국단 단원 윤봉길, 상하이의 천장절 축하회 장에서 폭탄을 던져 시라가와 대장, 노무라 중장, 우에다 중장, 시게미쓰 등이 사상.	· 이와테현 오후나토 철도공사장 쟁의, 규슈 탄광 쟁의. 재일프롤레타리아문예운동, 일본프롤레타리아문화연맹으로 해산. 조선협의회 설치.
1933년 쇼와 8	2. 총독부 학무국, 좌익분자의 반전운동 엄금을 발표. 8. 대학과 전문학교에 배속장교 배치.	3. 27 일본 국제연맹 탈퇴. · 고베, 오사카에서 고무공장 쟁의 속출.
1934년 쇼와 9	4. 조선농지령을 공포.	3. 남경에서 한국 독립당·의열단이 대일전선통일 동맹대회를 엶. 김일성 군통합하여 조선인민혁명군 창립. · '조선인이주대책' 제정, 동화정치 강화. 9. 21 무로토 태풍.
1935년 쇼와 10		· 일본, 미노베 타츠키치 '천황기관설' 고발. 코민테른 제7회 대회에서 인민전선 전술 채택. 프랑스인민전선 결성. 교토에서『세계문화』창간. · 나고야 합동노조 결성, 위원장 박기수. 도쿄에서『조선신문』, 오사카에서『민중시보』(발행인 김문준) 발행.
1936년 쇼와 11	8. 5 조선 총독으로 미나미 지로 임명. 8. 손기정이 베를린 올림픽 마라톤에서 우승, 일장기 삭제 사건으로『동아일보』가 무기정간당함. 12. 조선에 보호관찰령이 공포됨.	2. 26 2·26사건 일어남. 5. 만주에서 상설적 반일 통일전선 '조국광복회' 조직. · 조선유학생연구회 결성. 스페인인민전선 성립. 제17회 메이데이 금지.
1937년 쇼와 12	6. 3 조선인민혁명군 압록강을 건너 함남 혜산진으로 공격. 9. 조선산금령 공포.	6. 보천보사건 일어남. 7. 7 중일군 충돌 사건으로 중일전쟁 발발. · 나고야 합동노조 재건.

연도	국내	일본·기타
	10. '황국신민서약' 암기, 신사 참배를 강요.	
1938년 쇼와 13	2. 조선에 육군특별지원병령이 공포됨. 3. 조선교육령 공포. 보통학교·고등보통학교·여자고등보통학교를 폐지, 일본 내지와 같은 학교 체계로 일체화. 4. 학교교육에서 조선어 교육을 배제.	4. 1 국가총동원법 공포. 8. 17 나치스 독일의 청소년 조직인 히틀러 유겐트 일본 방문 · '중앙협화회' 설립. 재일조선인에 대한 황민화 정책 강화.
1939년 쇼와 14	7. 조선에서 국민징용령을 실시. 12. 조선인에게 창씨개명 강제로 시작.	· 나치·독일 폴란드 침입, 제2차 세계대전 발발. '국민징용령' 공포. 조선강제연행 노동자, 각지에서 강제노동에 종사. 5. 12 노몬한 사건 일어남.
1940년 쇼와 15	8. 「조선일보」·「동아일보」폐간당함. 10. 황민화 정책이 시행됨.	· 미에, 야마구치, 후쿠오카 각지 탄광, 광산에서 동맹파업. 홋카이도 탄광 등 조선인 노동자 동맹파업 속출. · 독일군 파리 점령. 일본 '대정익찬회(大政翼贊會)' 발족.
1941년 쇼와 16	3. 총독부, 보통학교의 조선어 학습을 폐지. 5. 조선 총독에 고이소 구니아키 임명. 9. 수풍댐 송전 시작. · 조선사상범예방구금령·초등학교령 시행. '황국민 교육' 실시.	· 도쿄, 교토에서 학생, 토공 민족운동 일어남. 10. 15 일본의 중대 정보를 소련에 제공한 스파이 조르게 사건 12. 8 영미러 일본에 선전포고, 태평양전쟁 시작.
1942년 쇼와 17	5. 9 조선에 징병제 시행을 결정. 10. 조선어학회사건이 일어남. · 조선청년특별연성령·해군특별지원병령 발령. '조선 노무자 활용에 관한 건' 조선어학회 탄압. 중국 연안에서 김두봉이 조선독립동맹 결성.	6. 5 미드웨이 해전에서 일본 해군 참패. · 이바라키, 히타치, 죠반, 시즈오카, 야마구치에서 토목 공사장에서 동맹파업. 홋카이도 탄광 기선 광업소, 이와테, 가나가와, 야마구치, 사가, 후쿠시마 각지 탄광에서 조선인 동맹파업.
1943년 쇼와 18	8. 조선에서 징병제가 시행됨.	· 미영중 삼국 수뇌 '카이로 선언' 발표. · 규슈, 야마구치현 각지 탄광에서 동맹파업.
1944년	7. 22 조선 총독에 아베 노부유키 임명.	· 홋카이도 탄광의 조선인 동맹파업, 도주 속출.

연도	국내	일본·기타
쇼와 19	8. 일반 국민징용제 실시. 여자정신대근로령 공포. 11. 평양 사단 조선학도병 반란사건. 70여 명 검거. · '조선전시형사특별령' '징병제' 실시. 학도병 징병에 반대하는 시위 속출.	
1945년 쇼와 20	4. 4월 이후 학도병, 징병, 징용에 반대하는 투쟁 등 항일운동 각지에서 속발. 8. 15 일본 포츠담선언을 수락, 조선이 해방됨. 9. 6 조선인민주주의공화국이 조직됨.	· 영미소 삼국 수뇌 '얄타비밀협정' 소련 대일 참전. 송몽규, 윤동주, 후쿠오카 형무소에서 옥사 8. 6 히로시마에, 9일에는 나가사키에 원폭 투하. 8. 15 일본, 전쟁 종결 방송.

사진제공자와 出典

林武一, 『朝鮮国真景』

斎藤實記念館

東本願寺大谷家旧蔵(金龍斗氏所蔵)

四方文庫

『日本写真史』(平凡社)

毎日新聞社

『季刊三千里』11号 (三千里社)

『間島写真帳』(統監府・臨時間島派出所)

京城帝国大学衛生調査部編『土幕民의 生活・衛生』(岩波書店)

東亜日報

雑誌, 『無産者』1926年 6月號 表紙

共同通信社

満洲国現勢(満洲国)

新愛知

杉原達

水平社

趙才龍

朴慶植

吉田清治

蔡晩植

北海道開拓記念館

城間哲雄

在日朝鮮人連盟中央本部

鄭哲, 『在日韓国民族運動史』